ルポ自殺

生きづらさの先にあるのか

渋井哲也
Shibui Tetsuya

JN018786

河出新書
054

目次

第5章　女性の自殺

自殺者数の年次推移

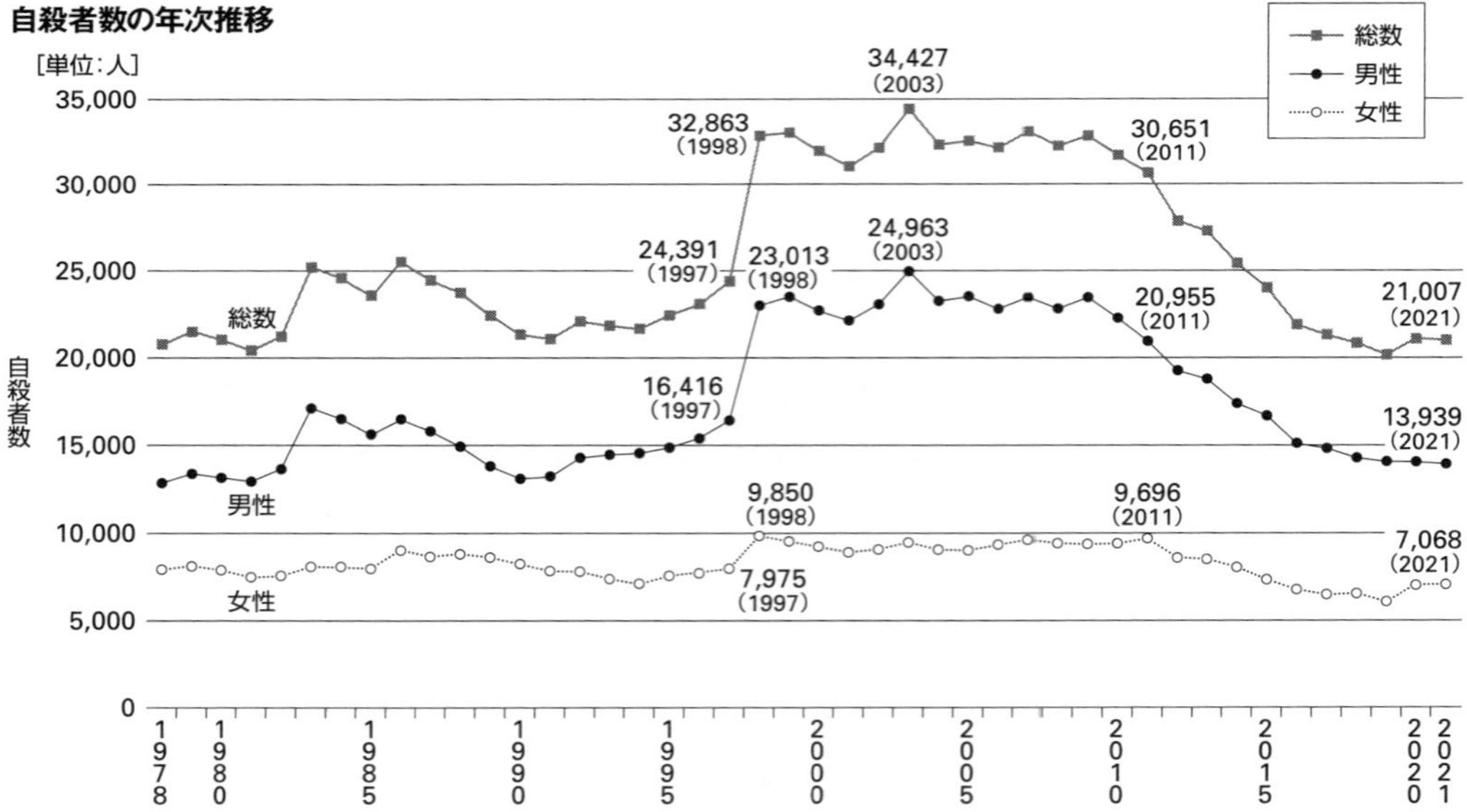

出典:「令和3年中における自殺の状況」厚生労働省/警察庁

はじめに

若年層や女性の自殺者数増加はコロナ禍だから？

新型コロナウイルスの感染拡大（コロナ禍）の中で、子ども・若者と女性の自殺が増えたことが注目を浴びた。2021年10月、文部科学省は「児童生徒の問題行動・不登校等生徒指導上の諸課題に関する調査」（以下、「問題行動等調査」）の結果を発表した[1]。2020年度の小中高生の自殺者は415人。多くのメディアは統計開始以来、「最多」と強調した[2]。コロナ禍によるストレスと自殺者数の増加を関連づけた報道も多い。

同調査は1966年から始まった。対象に「自殺」が加わったのは74年からだが、対象範囲が統一されてこなかった。76年度までは公立の中学・高校のみ、77年度からは公立小学校を加えた。2006年度からは国立と私立の小中高校も対象となる。13年度から高校の通信課程も加え、対象が拡大した。そのため、単純比較ができない。ただし、統計の範囲が同じ06年度以降を見ると、最多であり、2・4倍となった。

しかし、厚生労働省の「人口動態統計」による自殺死亡率の推移を含めて見ると、「10

〜14歳」と「15〜19歳」ともに、１９９０年以降、上昇傾向にあった。大人の自殺者が減ってきた一方で、若年層の自殺者は減らなかった。むしろ、コロナ以前から右肩上がりだ。日本の自殺者はしばらく、年間で3万人を超えていた。東日本大震災の翌２０１２年から、年間2万人台となり、年間3万人時代が幕を閉じた。これまでは自殺といえば、男性、特に中高年の男性が危機的状況にあった。しかし、コロナ禍では女性の自殺者が目立った。

自殺者の性別は男性が多いが、２０２０年は男性の自殺者が前年比で23人、０・２％減少した。しかし、女性は９３５人、15・４％増えた[3]。コロナ禍で影響を受けたのは宿泊業や飲食業、娯楽業など、女性が比較的多い産業だった[4]。また、雇用面では子育て女性がより大きな影響を受けた[5]。

自殺とはどんな現象か？

自殺をどう定義づけるのか。世界保健機関（ＷＨＯ）によると、「致命的な結果を伴う自滅行為」[6]としている。「自滅行為」とは「さまざまな致命的意図を伴う自傷行為」としている。これは精神医学的な立場だ。

また、『自殺論』で有名なデュルケームは「死が、当人自身によってなされた積極的、消極的な行為から直接、間接に生じる結果であり、しかも、当人がその結果の生じうることを予知していた場合」としている。[7] これは社会学的な立場だ。

取材をしてきた人たちの中にはこんな例がある。ある女子大生は、うつ病と診断されていた。原因は父娘関係だ。2人暮らしだったために、家にいるのは限界で、入院先を探していた。ようやく、入院が決まり、その前日、彼女は処方薬などを過剰摂取（オーバードーズ、OD）した。パソコンに顔を埋めていた。薬物中毒による心停止だった。

自殺の意図があったかは不明で、遺書はなかった。嘔吐物の影響でパソコンを開くことができず、パソコン内に遺書のようなメモがあったかはわからない。遺族に「死体検案書」を見せてもらったが、「自殺と推定する」と書かれてあった。

父娘関係が悪かったということを考えれば、〝あと一晩、家にいるのを我慢すれば、入院できる。ようやく父と離れることができる。でも一晩でさえ苦痛だ。だから、薬を多めに飲んで寝てしまおう〟と考えたのかもしれない。ならば、〝事故死〟でないかと思える。

また、ネット心中で亡くなった男子高校生がいる。死ぬのが怖くなったために、知人の女性に助けを求めて電話をしてきた。しかし、呼びかけ人の女性にそれを聞かれて電話を折られ、翌日、遺体で発見された。自殺を事実上、強制されたのかもしれない。

一般に自殺直前の心理は、生きるか死ぬかという狭い選択肢しかない「心理的視野狭窄」になっていると言われている。理性的な判断ができず、冷静であるとは言えない。

この2人の例は、直前の心理として「死にたい」と決意をしていたかどうかはわからない。特に、女子大生の場合、ODした結果の死を予期したとは考えにくい。彼女はODを繰り返しており、取材では、「次の日、目が覚めなければいい」と話していた。

「生きづらさ」の発見

日本の自殺者数のピークはいくつかある。戦後の混乱期と、1980年代前半の低成長期。そして、バブル崩壊後だ。私が新聞記者を辞めた1998年、警察庁の統計で年間自殺者が初めて3万人台を突破した[8]。前年比で、8500人近く増加した。女性は約1900人増加したが、男性は約6600人増えた。

新聞社を辞めてからは援助交際や家出、自殺未遂、自傷行為などを取材していた。特に、インターネットとの結びつきに私は関心を持った。インターネットは1995年から一般利用が始まり、若者たちは自らホームページを開設し、電子掲示板やチャットを使い、匿名空間で交流を始めた。

ホームページや掲示板、チャットでの交流のほか、オフラインで会合をするオフ会（オフラインミーティング）が徐々に開かれていた。同じような境遇で育った若者たちが、喫茶店やカラオケボックスで話したり、遊んだりする。閉塞感から一時的でも回避でき、明日を生きる糧になった。

私はこの頃、取材を通じて、「生きづらさ」という言葉を知った。摂食障害を患っている女性を取材した。その女性は「私って、生きづらさ系だよね」と言っていた。[9]

1990年代後半、インターネット・ユーザーの中で「〜系」という言葉がよく使われていた。自殺に関するサイトは「自殺系サイト」、自傷行為に関するサイトは「自傷系サイト」、精神疾患に関するサイトは「メンタルヘルス系サイト」と呼ばれていた。取材した女性が使った言葉が気になり、自身のサイトを「生きづらさ系サイト」と位置付けた。

私にはひとつの仮説があった。オンラインでも自身の悩みを言葉にし、同様の人たちとつながり、交流していけば、生きづらさが軽減されるのではないか——。

1999年の年末、初めて「生きづらさ系」をテーマにしたオフ会を開き、以降、何度も開いた。最大で50人ほどが集まった。〝オフラインとオンラインの交流がうまくいけば、生きやすくなる。言語化することで、悩みを整理できる〟と思っていた。そして、取材を繰り返すうち、「自殺未遂」は、次のようなメッセージであると思うようになった。[10]

1、「本当に死にたい」が、なかなか死ねない（慢性的な自殺願望）

2、自己確認としての自殺願望・自殺未遂（自分が生きていることを確認する行為）

3、「死にたい」というよりは「消えたい」(もともと生きていなかったことにしたい、周囲の人の記憶から消え去りたいという意味が込められている)
4、「死にたい」というよりは「眠り続けたい」(目を覚ましたくないというもの)
5、「死にたい」というよりは、リセット願望(別の人間になりたいというもの)
6、精神疾患などの病気による自殺衝動(病気の症状としての自殺企図)
7、生きるとは何かを問い続けた結果としての哲学的な意味の表現

これは大筋では今でも同じ考えだ。しかし、自殺の背景要因はいくつもの要素が絡む。自殺総合対策大綱[11]では、「自殺にいたる心理としては、様々な悩みが原因で心理的に追い詰められ、自殺以外の選択肢が考えられない状態に陥ったり、社会とのつながりの減少や生きていても役に立たないという役割喪失感から、また与えられた役割の大きさに対する過剰な負担感から、危機的な状態にまで追い込まれてしまう過程と見ることができる」とある。つまり、さまざまな背景要因が重なり、心理的視野狭窄に陥っていくというものだ。

これだけでは説明できない。相互暴行の疑いで警察に連行されたものの、取り調べで痴漢と疑われた中で、そのまま釈放された男性が自殺をした事件[12]や、不適切な教員の指導によって児童生徒が自殺をする「指導死[13]」と呼ばれるものだ。共通するものは、直前の心理

的な負荷は明確で、自殺企図に至るまでのプロセスが短い。一回の大きな心理的な負荷でも、自殺企図に至る。

また、自身のプライドを保つためだったり、心理的安定を保つ「居場所」を奪われまいとする、一種の抵抗なのではないか。抵抗としての自殺といえば、政治的なメッセージを帯びる「焼身自殺」もその一形態と言える。先ほどの7項目に、

8、自尊感情や居場所を奪われた結果の自殺企図
9、急なプレッシャーに襲われたときの回避行動
10、政治的なメッセージとしての自殺行動

の3項目を付け加えることができる。

「自殺」を取材する理由

私がなぜ「自殺」に関心を持ち、取材テーマとして選んだのか。

自宅前は大きな街道が交差していて、子どもの頃は、ひっきりなしに大型車が通行していた。夜間になると、交通量が減るためにスピードを出したまま運転するため、単独の交

通事故がよく発生した。

交通死亡事故は1955年から64年にかけて、高水準になっていた。59年には死者数は1万人を突破し、「交通戦争」と呼ばれたが、歩道や信号機が整備され、以降死者数は減少した。[14]ただ、71年以降、再び、死者数が増加に転じ、80年には死者数は1万人を超えて、「第二次交通戦争」と呼ばれた。[15]こうした時期に私は育ち、死亡事故を見ていた。

さらに、その交差点から南に行くと、橋があった。那須町と黒磯市（現・那須塩原市）を結ぶ橋で、那珂川にかけられている。橋はアーチ型（長さが127・8メートル、幅は8・7メートル、水面からの高さが23メートル）。2002年には栃木県で初めて、土木学会の選奨土木遺産に選ばれたが、[16]自殺の名所となっていた。

小学生の頃だったと思うが、身近な人もこの交差点で事故に遭い、その家族がうつ状態になったのか、この橋から飛び降り自殺。さらに、その家族が後追い自殺をした。

2010年、女子中学生がこの橋から飛び降り自殺した。当時、亡くなった女子中学生がいじめについて家人に伝えていたことで、それが原因ではないかとの話があった。彼女は部活の途中でいなくなったことがわかったが、学校は保護者に伝えていなかった。また、一時はいじめを認めていたが、記者会見では「いじめはない」と教頭は言った。しかし、日付のない遺書があり、友人関係のトラブルがあったことが記されていた。

身近な人が自殺で亡くなったこともある。私が自殺をテーマに取材をする前の1994年のことだ。長野県の新聞社に入社してすぐに知り合った男性が、自動車内で排ガス自殺した。周囲の人の話によると、1週間前、男性は、借りたものを返しに知人に顔を見せに来ていた。すでにそのとき、自殺を考えていたのだろうか。

自殺のリスク要因と取材のバイアス

「自殺」をテーマにした取材をするようになって、取材した人が実際に自殺、もしくは自殺の疑いで亡くなっている。当初、私は、言語化できる相手がいれば自殺しないのではないか、という仮説を立てていたが、正しくなかった。今となっては当たり前のことだ。

例えば、いじめや虐待、ハラスメントなどは、すぐには問題解決ができない。すぐに悩みが消えるわけではない。具体的なソーシャルワークにつなげても、メンタルヘルスのケアやサポートがなければ、自殺のリスクは軽減しない。

一般に、リスク要因が多ければ、自殺リスクが高いと言われている。その要因として、

1、自殺未遂歴（自殺未遂の状況や、方法、意図、周囲からの反応などを検討）
2、精神疾患の既往（躁うつ病（双極性障害）、人格障害、アルコール依存症、薬物依存など）

3、サポート不足（未遂者、離婚者、配偶者との離別、近親者の死亡を最近経験）
4、性別（自殺既遂者：男性＞女性　自殺未遂者：女性＞男性）
5、年齢（年齢が高くなるとともに、自殺率が上昇する）
6、喪失体験（経済的損失、地位の失墜、病気や外傷、近親者の死亡、訴訟など）
7、自殺の家族歴（近親者に自殺者が存在するか？）
8、事故傾性（事故を防ぐのに必要な措置を不注意にも取らない）

などがあげられているが、[17] 取材実感とも似ている。

私が取材をした中で亡くなった約40人の共通点をあげてみる。自殺未遂（自傷行為を除く）を3回以上繰り返していたのは8割。この中で10回以上繰り返した人は2割いた。さらに言えば、30回以上、繰り返した人もひとりいた。常に「死にたい」と言っていた人も9割いた。

「『死にたい』と言っている人は、実際には死なない」というのは迷信だと言われている。少なくとも、取材経験から考えても、迷信だと断言できる。「死にたい」「さよなら」「もう死にます」というメールやLINEが届く。また、ツイッターなどのSNSでつぶやく人もいる。そうした後に、自殺のリスクが高い行動を取ったり、実際に亡くなってしまう人もいた。取材した中で、自殺で亡くなった人の半数は、死ぬ直前に、私を含む誰かに予告めいたメールやＬＩＮＥを送っている。

深夜に自殺予告のメールが届いたことがあった。その女性は、それまでにも自殺をほのめかすことがあった。朝起きて、メールを読むと、飲み合わせや量次第では亡くなってしまいかねない薬の名前が羅列してあった。すぐに連絡を取ったが、返事がない。しばらくすると、その女性の知人から連絡があり、亡くなったことを知った。

その女性がメールをしてきたときに、私に何かできたことはなかったかと思い悩み、知人の精神科医に連絡を取った。そのメールが送られてきたときに薬を飲んだことを前提にしても、助かった可能性が低いほど、飲み合わせが悪いものだったと聞いた。それでも、「メールに返信をしていれば」「すぐに電話していれば」と今でも思うことがある。

私が油断したひとつは、その女性は「自傷行為」を繰り返していたこと。１９９０年代後半から２０００年代にかけて、「自傷行為は、死ぬための行為ではない。生きるための行為だ」という意味づけが強かった。私の当時の実感も、その言説に近かった。

自傷行為経験者の多くは、自殺未遂として行っていない。自傷行為はそれ自体、自殺リスクは低い。しかし、取材をしていて、自殺で亡くなった人のうち、「自傷行為」の経験者は９割。このうち、リストカットは８割だ。繰り返すことで死に近づくこともある。

精神科の通院歴の有無についてだが、取材後、自殺で亡くなった人の全員が、精神科への通院歴があった。もちろん、バイアスがある。それは、男性2割、女性8割と、ほとんどが女性であること、年齢も40代以下がほとんど、つまり男性、中高年が少ない。また、私の取材対象は精神疾患をカミングアウトしている人が多い。

一度計画をした自殺を実行しているように見える場合もあれば、背景が見えず、なぜ自殺するのかわかっていない場合もある。取材経験からは、女性のほうが、死にたいと思うきっかけとなる出来事から、自傷行為や自殺未遂までのプロセスには物語的な流れがある。一方で、男性の傾向として、出来事があったとしても、自殺願望までの流れとは結びつかず、物語化されていない場合も少なくない。

自殺をどう位置付ける?

どんな自殺であれ、共通するものがある。全米自殺予防学会の創設者で、心理学者のシュナイドマンが、10の共通点をあげている[18]。

1、自殺に共通する目的は、解決策を探ることである。

2、自殺に共通する目標は、意識を止めることである。

3、自殺に共通する刺激は、耐え難い心理的な痛みである。
4、自殺に共通するストレッサーは、心理的要求が満たされないことである。
5、自殺に共通する感情は、絶望感と無力感である。
6、自殺に共通する認知の状態は、両価性である。
7、自殺に共通する認識の状態は、狭窄である。
8、自殺に共通する行動は、退出である。
9、自殺に共通する対人的行動は、意図の伝達である。
10、自殺に共通する一貫性は、人生全般にわたる対処のパターンである。

自殺を企図する側にとっては、自殺は、論理的に説明できない行為とはいえない。一方、自殺について理解できないと思う人もいるだろう。衝動的な行為という面のみを見て理解しようとする人もいるかもしれない。選択の結果だと思う人もいるだろう。

ただし、苦痛から逃れ、一定の解決をしたいという心情は自殺を企図しない人とも共通する。ストレスがかかったとき要求が満たされないというのも誰にでも起きうる。愛や憎しみ、希望と絶望といった「両価性」も、一定程度、誰もが感じている。

心理学的剖検は役に立たない?

自殺がなぜ起きるのか。確実に知るためには、自殺の既遂者の調査をすればいいが、そんなことは不可能だ。しかし、既遂者に最も近い、あるいは、類似する者として、自殺未遂者がいる。実際、国も行政も、自殺未遂者の調査をしている。これも難点がある。自殺既遂者は男性が多いのに、自殺未遂者は女性が多い。

そのため、性別の違いについて考慮される必要がある。例えば、女性のほうが精神疾患による通院が多い。病識を持っているのは男性よりは、女性が多いということになる。

性別によって社会の扱い方が違うことも考慮されねばならない。男性に求めるもの、女性に求めるものは、ジェンダーを強く意識しているかどうかによって社会、地域、コミュニティで差が大きい。場合によっては、ジェンダーの差を内在化した子育て・教育が行われる。生物的な差異は前提にしつつも、社会・文化的な差が出るのだ。これだけ見ても、未遂者調査は、自殺者の調査とは同義ではない。

一方、遺族や周囲の人にヒアリングをするやり方がある。これは警察の捜査でも行われている。しかし、警察は、自殺に関するプロではない。自殺と認定したり、「原因・動機」を調べるとしても、深い捜査はしない。自殺か他殺かを判断しているだけだ。

精神医学や心理学などは、「なぜ自殺をしたのか?」という視点に立ち、自殺で亡くなった人のことを知る人物にきちんとした聞き取りをして、直前の言動や、精神疾患の有無、自殺に対する考え方、被虐待の有無、自傷行為・自殺未遂の痕跡、人間関係的な背景などを聞き出していく。これは「心理学的剖検」と言われる手法だ。シュナイドマンの造語である。それは「家族や友人など周囲の人からの情報収集によって、故人の生前の様子を明らかにしようとする調査手法の総称[19]」だ。

日本では、本格的な「心理学的剖検」がされた形跡はない。しかし、現在の日本自殺予防学会の理事長でもある張賢徳医師は、１９９１年から93年の3年間に帝京大学医学部附属病院救命救急センターに運ばれた自殺者93例を対象に「心理学的剖検」を実施した。連絡が取れた遺族は54例で、協力に応じたのは25例。調査実施は94年。対象者の自殺から1〜2年経っていた時期だ。

海外の調査では、自殺には90％以上、精神障害が関与していると言われていたが、張医師の調査でも90％が精神障害の診断がつく状態だった。同時に、心理学的剖検は、遺族ケアにもつながっていく。

「自殺の準備状態になり得る環境要因としてもう一つ大事だと思うのは、人々の自殺に対する考え方と、それを生み出す社会文化的背景である。自殺を容認する態度が強い社会では、自殺予防の意識は高まりにくいし、多くの人が打撃を受けるような出来事や状況が生じたときには自殺が一気に増える可能性がある」[20]

私が取材をして自殺で亡くなった人たちは、100％の確率で精神科に通院していた（取材時に通院をやめていた人を含む）。多くはうつ病の診断名であり、取材経験と、張医師の調査結果は大きくは外れていない。また、複数の要因が自殺するまでにあったとも言われているが、私の取材経験の多くとも合致している。ただし、「複数の要因」が、短期間に、時には1日の間に、あるいは数時間内に凝縮していることもある。

2006年10月、国立研究開発法人「国立精神・神経医療研究センター」に「自殺予防総合対策センター（CSP）」が設置され、心理学的剖検が実施された。その後、CSPの業務のあり方を検討する「検討チーム」の会議が開催された。2016年4月から、自殺対策の所管官庁が内閣府から厚生労働省に移管する流れからの検討だ。「心理学的剖検」に対しては否定的な見方があり、その立場がその後の政策判断を左右する。

「心理学的剖検から分かったことなのですが、精神科につながっていたけれども、最終的に亡くなってしまった人たちを調べてみると、最後の致死的な行動、飛び下りとか首吊りをする直前に治療薬を過量服薬して、酩酊状態の中で衝動のコントロールを失って亡くなっているケースが目に付いたのです」[21]

その会議では、このように「心理学的剖検」が評価された一方で、次のような批判もあった。

「厳しい言い方をすれば自殺対策に関する新しい知見というのは全く得られず、新たな政策展開にも結びつかなかったのではないか…（中略）…一般集団に比べてうつが非常にハイリスクである。それは当たり前のことで、その次に必要なことは、例えば同じうつの人で自殺する人としない人がどういう社会支援的な影響、あるいは社会経済的な影響があるかということを明らかにしないと対策には結びつかないわけです。そこの視点は、完全に欠けていると思います[22]」

その後、参院厚生労働委員会は「自殺総合対策の更なる推進を求める決議」を全会一致で可決した。この中で、ＣＳＰの業務見直しが含まれていた。つまり、心理学的剖検への批判を、事実上、政治が後押しした[23]。

決議は、超党派の「自殺対策を推進する議員の会」を中心に提言されていったが、「検討チーム」の結論と連動していた。こうして、行政としても、政治としても、日本の自殺対策としての「心理学的剖検」は排除されていく。

もちろん、社会政策の対象である「自殺問題」の位置付けとして見ると、個別問題よりは標準化が重要である、しかし、同時に、自殺問題は個別問題であるはずで、一人一人がなぜ自殺をするのか、という視点からは後退したと言ってもいいだろう。

本格的調査はされない「理由」「死因」

それではなぜ、１９９８年以降２０１１年まで、年間自殺者が3万人台だったのか。97年から98年にかけて35％も急増したが、とりわけ98年3月に自殺者が増えた。3月は、日本企業の多くが決算期を迎える。バブル経済崩壊による金融危機によって、「貸し渋り」「貸し剝がし」が起き、中小企業、零細企業にとって破綻のきっかけになったと言われている。失業率と男性の自殺死亡率とには相関関係があるとも言われている。

急増した35％の自殺者のうち、最も相関があるのは「無職者」（15・07％）だ。それに次いで、「被雇用者」、つまり、会社員である（9・28％）。動機で考えても「健康問題」（12・75％）、「経済生活問題」（10・26％）。うつなどの「健康問題」は高いものの、その背景に「失業や負債、生活苦、職場環境といった社会経済的背景・構造的問題が潜んでいる可能性と整合的」だとされている。つまり、日本では、失業率などの経済変数が自殺率に大きく関係していると言われている。特に男性にはその影響が大きい[24]。

ただ、自殺の理由について、本格的な調査は行われていない。司法解剖も日本では多くはされていない。医師法では、「死体又は妊娠四月以上の死産児を検案して異状があると認めたときは、二十四時間以内に所轄警察署に届け出なければならない」となっている。

日本法医学会の「異状死ガイドライン[25]」によると、「病気になり診察をうけつつ、診断されている病気で死亡すること」が「ふつうの死」であり、それ以外が「異状死」とされる。その中に「自殺」が入っており、「死亡者自身の意志と行為にもとづく死亡」とある。他殺か自殺か不明の場合が「不慮の事故」となる。

ただし、2012年8月の通知[26]で、死亡診断書（死体検案書）の記入方法については「『死亡診断書（死体検案書）記入マニュアル』[27]（厚生労働省大臣官房統計情報部・医政局発行）を参考にされたい」と書かれている、同マニュアルでは自殺を「死亡者自身の故意の行為に基づく死亡」とある。前出の法医学会のガイドラインでの表記「意志」よりも「故意」が強調されている。これによって、現場の自殺判断に影響したかどうかはさまざまな声があり、断定できる要素は現在はない。しかし、感覚としては2012年以降の自殺者の減少とリンクしているのではないかと勘ぐってしまう。

加えて、解剖率には地域格差がある。解剖率が高いのは神奈川県で41%、最も低いのは広島県で1%にすぎない[28]。監察医制度というものがあり、法医学者が死因を追求する。しかし、この制度は東京23区と大阪市、名古屋市、神戸市のみだった。そのため、2013年4月、死因・身元調査法が施行され、犯罪性がなくても警察署長の判断で解剖ができるようになった。しかし、解剖医や予算が不足し、解剖率の底上げができていない。

小中高生については、警察庁のほか、文部科学省の「問題行動等調査」がある。学校が教育委員会に報告し、教育委員会が文科省に報告したものを、文科省がまとめる。つまり、一義的には学校が行っている調査だ。

しかし、これも統計としてあてにしていいのか疑問がある。文科省は「子供の自殺が起きたときの背景調査の指針」を作っている。しかし、この「指針」が十分に周知されているとは思えない。遺族には調査のことを説明することになっているが、取材をしている限りでは、遺族側が十分な説明を受けていないことが多い。

いじめによる自殺が疑われる場合、いじめ防止対策推進法による調査委員会が設置される。ただ、調査委がすぐに立ち上がらない場合や、結果がすぐに出ないこともある。

また、報告書が出たとしても、その内容を文科省に報告する義務まではない。その場合は、自殺の原因は、統計上の扱いがはっきりしていない。しかも、多くの調査は、学校側の回答である。その結果で、「不明」が約6割になっている。[29] 仮に学校の調査を信用したとしても、原因がはっきりしない。調査の重要性が理解されていないのだ。

「見えない」自殺の理由

ただ、「理由のない」＝「理由が事実上、わからない」、あるいは「理解できない」自殺もある。ある女性が拙著を読んで問い合わせてきた話だが、一緒に旅行に行った彼氏が、その翌日に自殺をしたという。彼氏の家族向けの遺書はあったものの、自分に当てた遺書はなかった。そのため、家族のほか、友人や会社関係者に、彼氏が自殺をするようなきっかけになるような出来事があったのかを聞き回った。ブログやSNSにも、心情を吐露したものがあるかを探した。しかし、自殺につながるようなエピソードがなかった。

また、ある男性は、ある事件の目撃情報を寄せることをお願いしたチラシを見た。男性からすると、容疑者は自分にそっくりだった。そのことでいつものように見られているのか気になるようになった。そこで自殺願望を持つようになった。そして、実際に、自殺を企図したのは、アルバイト先の女性に失恋してからだ。希死念慮を抱くきっかけもそうだが、自殺へと背中を押した失恋も、そこまで自殺に駆り立てるような内容なのか？と周囲の人は思ったことだろう。しかし、その男性からすれば、それが事実なのだ。

警察庁の自殺統計でも「不詳」が、文科省の「問題行動等調査」でも「不明」が上位を占めている。それだけ、現代の自殺統計の手法では、理由のわからない自殺が多い。ただ、子どもに限っては、自殺対策の文脈ではないが、死因を究明する制度がつくられた。「チャイルド・デス・レビュー（CDR）」だ。法的根拠は2つ。

ひとつは、2018年12月につくられた「成育過程にある者及びその保護者並びに妊産婦に対し必要な成育医療等を切れ目なく提供するための施策の総合的な推進に関する法律

（成育基本法）」だ。「成育過程にある者が死亡した場合におけるその死亡の原因に関する情報に関し、その収集、管理、活用等に関する体制の整備、データベースの整備その他の必要な施策を講ずるものとする」とある。

もうひとつは2019年6月に成立した「死因究明等推進基本法」だ。その附則第2条で、こうある。

「国は、この法律の施行後三年を目処として、死因究明等により得られた情報の一元的な集約及び管理を行う体制、子どもが死亡した場合におけるその死亡の原因に関する情報の収集、管理、活用等の仕組み、あるべき死因究明に関する施策に係る行政組織、法制度等の在り方その他のあるべき死因究明等に係る制度について検討を加えるものとする」

2020年、モデル事業として群馬、山梨、三重、滋賀、京都、香川、高知の7府県が参加。2022年度には、全国的な拡大を目指す。今後、自殺の経路が見えやすくなることに期待したい。なぜなら、それが自殺対策の道標になると思われるからだ。

註

（1）「児童生徒の問題行動・不登校等生徒指導上の諸課題に関する調査」文部科学省
（2）「自殺者、リーマン以来の前年比増、小中高生は過去最多」『朝日新聞』２０２１年1月22日
（3）警察庁「令和2年中における自殺の状況」
（4）「企業の20年度決算、約6割の企業で売り上げ減少＝減少率トップは『宿泊業』、資金確保で借入も増大」帝国データバンク、２０２１年9月7日
（5）周燕飛「コロナショックの被害は女性に集中（続編Ⅱ）―雇用持ち直しをめぐる新たな動き」独立行政法人労働政策研究・研修機構、２０２１年2月19日
（6）ケイ・ジャミソン『早すぎる夜の訪れ　自殺の研究』亀井よし子訳、新潮社、２００１年、39頁
（7）デュルケーム『自殺論』宮島喬訳、中公文庫、１９８５年、22頁
（8）前掲、警察庁「令和2年中における自殺の状況」
（9）渋井哲也「『生きづらさ系』がのめり込む過食と拒食のリバウンド生活」『ワニの穴17　隣の病人読本　健康な人はもういない！』ワニマガジン社、１９９９年
（10）渋井哲也『若者たちはなぜ自殺するのか』長崎出版、２００７年
（11）「自殺総合対策大綱～誰も自殺に追い込まれることのない社会の実現を目指して～」２０１７年7月25日閣議決定
（12）渋井哲也「新宿署痴漢捜査後に自殺　捜査の違法性を主張した遺族の訴えは東京高裁で『棄却』」ＢＬＯＧＯＳ、２０１７年5月26日

(13) 「指導死親の会」の大貫隆志氏の造語。大貫隆志編著『「指導死」』高文研、2013年
(14) 警察庁「交通事故発生状況の推移」
(15) 同
(16) 晩翠橋「とちぎ旅ネット」 https://www.tochigiji.or.jp/spot/s12039/
(17) 高橋祥友『自殺のサインを読みとる』講談社、2001年、87頁
(18) エドウィン・S・シュナイドマン『シュナイドマンの自殺学 自己破壊行動に対する臨床的アプローチ』高橋祥友訳、金剛出版、2005年、36頁
(19) 勝又陽太郎「心理学的剖検の実践」『医学界新聞』医学書院、2010年11月29日 https://www.igaku-shoin.co.jp/paper/archive/y2010/PA02906_05
(20) 張賢徳『人はなぜ自殺するのか 心理学的剖検調査から見えてくるもの』勉誠出版、2006年、210頁
(21) 第1回自殺予防総合対策センターの業務の在り方等に関する検討チーム・議事録、2015年5月8日 https://www.mhlw.go.jp/stf/shingi2/0000089456.html
(22) 第2回自殺予防総合対策センターの業務の在り方等に関する検討チーム・議事録、2015年5月27日 https://www.mhlw.go.jp/stf/shingi2/0000090112.html
(23) 太田順一郎「わが国の自殺対策の今後：自殺予防総合対策センターの業務のあり方に関する検討チームの議論から」『精神神経学雑誌』第117巻、第9号（2015）699頁 https://journal.jspn.or.jp/jspn/openpdf/1170090699.pdf

(24) 澤田康幸他「不況・失業と自殺の関係についての一考察」『日本労働研究雑誌』2010年5月

(25)「異状死ガイドライン」日本法医学会、1994年5月

(26)「医師法第20条ただし書の適切な運用について(通知)」厚生労働省医政局医事課長、2012年8月31日 https://www.ajha.or.jp/topics/admininfo/pdf/2012/120903_1.pdf

(27)「令和4年度版死亡診断書(死体検案書)記入マニュアル」厚生労働省医政局、2022年2月21日

(28)「死因究明の解剖率に地域格差 神奈川41%、広島1%」『朝日新聞』2019年9月7日

(29) 前掲、高橋祥友『自殺のサインを読みとる』87頁

第1章

バブル経済崩壊から自殺対策へ

社長３人が同時に自殺!?

１９９８年の自殺者急増で、私の中で象徴となっている出来事は、東京都国立市で起きた中小企業の社長３人が、同時に自殺をしたことだ。

> 二十六日午前一時四十分ごろ、東京都国立市谷保のホテルで「男性客三人が死んでいる」と立川署に通報があった。三人は別々の部屋で首をつって死んでいた。三人はそれぞれ取引関係のある自動車用品の中小の製造、卸売、小売会社の経営者で、経営難をほのめかす遺書もあった。互いに借金の保証人にもなっており、立川署は、三人が連鎖的に会社の資金繰りに行き詰まり、心中を図った疑いもあると見て、動機などを詳しく調べている[1]。

同時に自殺というと、「同じ場所」での「心中」を連想する。この場合は、「同じホテル」という意味では「同じ場所」だが、ビールを飲んだ後、３人は別の部屋に戻った。ほぼ同じ時間に、死亡していた。

３人が経営していた会社はそれぞれ取引関係があり、手形を融通しあって資金繰りをしていた。しかし、２月になって約９０００万円の手形の処理をめぐって、資金が行き詰まっていたと言われている。

3人のうち2人は、億単位の保険に入っていた。[2]《保険金で資金繰りの足しにしてください》という遺書を残していた男性の家族は、「自殺するかもしれない」と警察に届け出ていた。経営する小売会社は銀行からの融資を受けられなくなっていた。

新聞記者を辞めてから自殺をテーマに

私はこの年に新聞社を辞める。身近に自殺者がいなかったわけではないが、県内でも全国的にも、年間自殺者が増加するような雰囲気をまだ感じ取れないでいた。ただ、会社を辞めた後、インターネットで「生きづらさ」を感じている人たちとの電子掲示板やチャット、HPを介したコミュニケーションを始めていた。そのため、自殺をテーマとしたネット・コミュニケーションがあるのを実感していく頃だった。

1998年に年間自殺者が3万人になったとはいえ、そのことが社会問題であるという認識を持ちにくかった。むしろ、インターネットで自殺について語ることで、自殺を企図する人が減るのではと思うようになっていった。それを打ち破ったのは、98年の年末に発覚するドクター・キリコ事件である（第2章で触れる）。

こうした時期に、私はインターネット・コミュニケーションに関心を持っていった。なかでも、家出や援助交際、いじめ、虐待などをテーマにしたやりとりをしていくと、自殺という言葉が共通項として浮かび上がった。周辺に自殺未遂者や自傷行為を繰り返す人たちも出てくる。

自殺や自傷行為について、関連したサイトやブログ、掲示板、チャットなどを閲覧していくと、自傷行為は自殺未遂ではないという言説との出会いもあり、自傷行為をしている人たちの話をよく聞くことに。フリーライターで、自身も自傷行為をしていたロブ＠大月氏の『リストカットシンドローム』(3)は、インターネットで自傷行為を告白している人たちのルポルタージュで、この本が話題になったのもその頃だ。

生きるための自傷行為——。こんな言葉を聞いた。自傷行為の中でも、自殺を意図したものではなく、衝動的な、あるいは、自罰的な行為として行っている場合もある。または、負の感情を吹き飛ばすため、緊張をやわらげるためのものでもある。ストレス発散でもある。それらは、負のエネルギーが自分に向いている。

この頃、ある映像作家が、女優を上手く描けないということに悩んでいた。その作家は、女優の家にある晩、予告なく出向いた。女優宅では、私を含めて、複数の人が酒を飲んでいた。作家は吐き出すように悩みを話している中で、突然、自らの腕を傷つけ始めた。

うまく表現ができないという理由での自傷行為を初めて見た瞬間だった。同時に、これらは明らかに自殺を意図していない行為として、私の頭の中に焼きついた。

借金と離婚が希死念慮の引き金か

２００２年夏、関東地方に住む無職の山田（仮名、33）は12年ほど連れ添った妻と離婚した。きっかけは妻が作った借金だった。借金のはじまりは、１９９７年に購入した家のローンだった。ローンだけであれば特に問題なく、驚くことでもなかったかもしれない。

しかし、借りた先がいきなりサラリーマン金融（サラ金）だったのだ。利息は10日に１割。利息だけで返済に追われる。山田の家は一般家庭で特に経済的に逼迫《ひっぱく》しているわけでもない。しかし家のローンで、サラ金から借金をした。

「借金の先を紹介してくれたのは知人なんですが、それが実は暴力団絡みのサラ金を紹介したんです。つまり妻はだまされたわけです。その後も、そのローン返済のために、マルチ商法や土地ころがしに手を出し、さらに借金が増えていったんです」

ローンの利子が高利な上、そのローンを返済するために多重債務を負うようになった。そして借金は１４００万円に膨れ上がった。その半分は山田名義だ。こうした出来事に、彼は唖然《あぜん》とするしかなかった。

さらに、妻は家事や育児を全くしなくなっていた。金の使い方も粗くなっていく。そして、2001年秋、妻は突然、家を出たのだ。

2人の出会いは20歳頃だった。山田は高校卒業後、専門学校に入学するも、中退。その後、それまでに知り合っていた妻と同棲し、その流れで結婚する。それまでの人生で特に目立ったことがなかった山田に転機が訪れるのは23歳のとき。仕事帰りに、交通事故で右足を失ったのだ。

信号をきちんと守っており、明らかに相手の車が原因だったという。このときに入った賠償金は数千万円。金銭的な管理はすべて妻がしていた。山田はキャッシュカードの暗証番号を知らされず、通帳の記録を見せられることもなかった。思わぬ収入が入ったことで妻の金銭感覚が揺さぶられた。

事故後は埼玉県内にある妻の実家で過ごしていた。子ども4人に恵まれもした。一方、その頃から徐々に、妻の金の使い方が荒くなっていった。マルチが3件、土地売買1件。そうした積み重ねの上に、高利な家のローン。山田のダメージが積もり積もっていく。そして突然の家庭崩壊が訪れる。

2002年夏、正式に離婚する前、子ども4人を妻の親にまかせ、妻の実家を出る。そして自分の実家に戻った。両親の賛同を得ることなく結婚していた2人。お互いの両親は顔を合わせたことがない。そんな事情もあったために、山田の父親は、「子どもは認めない」との態度だった。そのため、妻側の親に預けるしかなかった。養育費として退職金は子どもを見ている妻の親に渡した。

この年の離婚率は、人口1000人あたり2・3件。1899年以降、最も高い離婚率だ（1943年までは内閣統計局統計、44〜46年は不備、47年以降は厚生省／厚生労働省の「人口動態統計」）。その後も含めてもピークにあたる。離婚するのが珍しいことではなくなっていた。離婚は喪失だ。妻と会えないだけではない。子どもは妻側に預けられていたので、子どもと会えないこととセットだった。自殺のリスクが高くなる要因のひとつだ。

ただ、それでもなんとかなると思っていた山田は、障害があってもできる仕事を見つけては、中京方面に数ヶ月間、住み込みで行くこともあった。しかし2003年5月になると、仕事がなくなる。その間にも、借金取りは山田を訪ねてくる。

03年6月、知人が練炭と薬物を使った自殺未遂をする。練炭を燃やし始めた数時間後、親に発見された。病院に運ばれ、薬も飲んでいたために胃洗浄を受ける。翌々日、知人はベッドの上で目が覚めた。離婚経験と家の借金という点が似ていた。

「仕事が見つからず、親に生活の面倒を見てもらっているようですが、それがかえって重荷になったそうです。知人は死のうとしたわけじゃないそうです。寝ていたかっただけと言っていました」

彼女との喧嘩をきっかけに

このことで自殺の選択肢が頭に入ったのか、数年後、山田は練炭自殺する。未遂となり、生活保護の更生施設を出ても仕事が見つからない。そんな中、山田が離婚後に付き合っていた彼女から私に電話があった。

「喧嘩をして、電話がつながらなくなったので心配です」

山田は練炭自殺をしようと思った時期が長かったが、彼女との出会いもあり、購入していた練炭を捨てたと言っていた。ただ、練炭があることで不安を解消できるとも言っていたので、再び購入していたのだ。彼女との喧嘩で衝動的に自殺を企図したのかもしれない。

彼女から山田の住所を聞き出し、夜中だったが、110番通報をした。

「結果がわかりましたら、お電話を差し上げますか？」

と聞かれたので、わかり次第、電話をくれるようにお願いした。数時間後、警察から電話があり、山田が練炭自殺をしたことが知らされた。

就職活動で失敗し、自殺掲示板へ

2003年2月、野田（仮名）という女性（20代）が自殺した。02年4月、会社の雇用契約が終了した。その後、就職活動をする。80社ほど面接を受けたが、どこにも採用されなかった。自殺の半年前、インターネットの自殺掲示板に、当時の心境を書いている。

〈（就職活動の）成果はなく無職の状態です。おかげで、日に日に精神的苦痛が強くなっていきました。就活が嫌になり、毎日ぼんやりとした日々です〉

そのため、02年の冬、自殺をすることを計画した。

〈正直、死ぬのは怖いですが、生きていく方がもっと辛いので、絶対成功しなければならないと思っています〉

03年は年間自殺者数が3万4427人で、日本の自殺統計史上、最多だった。バブル経済崩壊後の自殺者がピークを迎えていた[4]。この年は、総務省統計局「労働力調査（詳細集計）[5]」によると、役員をのぞく雇用者（4948万人）のうち、正規雇用者が3444万人（69・6％）である一方、パート・アルバイト、契約社員、派遣社員などの「非正規雇用者」が1504万人（30・4％）。非正規雇用者が3割を超えた年でもあった。

このうち、女性は半数近くが非正規雇用であり、雇用が不安定になっている。それだけ働く現場から女性が冷遇されていった時期だ。今ではさらに雇用情勢が極めて不安定になっている。2019年には非正規雇用が38・3％と拡大している。20年にはやや比率が下がって37・2％が非正規雇用で、10人に3〜4人が非正規雇用となっている。

2003年は、日本経済が伸び悩んでいた時期である。日本の自殺者の男女比率は男性

3弱に対して、女性1の割合。女性は年間での自殺者数は1万人を超えたことがないが、1986年、1998〜2000年、2002〜11年の女性の年間自殺者数が9000人台になっている。男女合わせた全体の年間自殺者数の増減とはややズレているものの、女性の自殺者が増えて全体の自殺者を底上げしている。これは、コロナ禍における女性の自殺者が増えた2020年と同様の傾向で、全体の死者数は前年よりも上回った。

斎藤太郎氏によると、(6) 平成の30年間の就業者数の増加は主に女性と高齢者。雇用者数(役員をのぞく)は、4132万人から5596万人と1464万人増えた。しかし、その9割以上がパート・アルバイト、契約社員、派遣社員などの非正規雇用だった。平成が始まる頃には20%以下だったが、一貫して増加傾向だった。そんな中、2002年6月と8月、03年4月の完全失業率が5・5%。非自発的離職者を中心に失業者が増加した。

そんな時代に、山田は借金を背負い、仕事もなくなる。そして離婚という喪失体験をし、知人が自殺未遂をする。一方、野田は仕事に就けず、精神的なダメージを負う。そして、自殺を考えるようになっていった。

起業した会社がうまくいかず

2004年7月、鈴木という男性(仮名、享年45)が自殺した。10年ほど前に鈴木は起業した。有限会社から株式会社になるなど仕事は順調だった。しかし、多忙になったことで、自宅に帰れない日々が続いた。鈴木は家にお金を入れることがなくなった。週1くらいしか帰らないこともあり、妻は精神的に不安定になった。離婚することにもなった。

鈴木の死を娘のケイが知ったのは高校2年生のときだ。学校へ行くと、部活動の顧問から「お父さんが亡くなったから帰りなさい」と言われた。何があったのかわからなかったが、祖母の家に行く。すると、多くの親戚が集まっていて、親族会議となった。このときみんな、鈴木が自殺をしたことを知ったようだ。

ケイは当時をこう振り返る。

「自転車で帰宅をしたんですが、〝父が亡くなったというのはウソなんじゃないか？〟と思ったんですが、途中で、自転車をこげなくなるほど、足が重くなりました。家が近づくごとに、〝父が亡くなった〟という現実を受け入れられませんでした。信じられない気持ちでいっぱいでした。亡くなったとしても、交通事故かな？と思ったんです。というのも、これまでに3回、交通事故にあっていましたから。祖母の家で、警察署から電話があったのを覚えていますが、そこからの記憶が曖昧です。何があったかは、ほとんど点でしか覚えていないんです。自殺で亡くなったことを知って、私は泣いていました。でも、母親はそれ以上に泣いていました」

第一発見者は、男性の会社の人だった。駐車場に停めてあった車に目張りがされていたようだ。いわゆる練炭自殺だった。所持品は、2000円ほど入った財布と、1冊のノートだった。そのノートにはこんな記載があったという。

〈7月1日　今日も山に行った。死にたい。死ぬのがこんなに怖いとは〉

〈7月2日　今日もまだ死ねない〉

いったい、なぜ自殺をしたのか。ケイにとっての父親は「強い人」に映っていた。

「小さい頃は強い人でした。ノートにあるような弱音を吐くような人ではありませんでした。思い出としては小学校4年のときのゴールデンウィークの旅行のときです。

父は『お腹が痛い』と言って、救急車で運ばれたんです。診断は盲腸でした。でも、父はカッコつけて、私に『大人になるための儀式だ』と言って、コース料理を食べさせてくれました。よく夢を語る人でした。父は有限会社をつくり、株式会社にもしました。

しかし、大きな取引先が倒産してしまいました。そのため、自分の会社の経営も悪化していきました。亡くなったときにわかったのですが、生命保険を会社あてに掛けていたのです。遺書には《この保険金で（社員の）給料を補って》と書いてありました」

実は、鈴木の自殺について、祖母が予兆を感じていたという。

「父は3ヶ月前にも自殺未遂をしていたんです。遺書の中には〈親より早く死ぬ親不孝をお許しください。子どものことをよろしくお願いします〉とあったんです。このときも山に行ったそうですが、死にきれなかったのです」

自殺する1週間前、鈴木からケイに連絡があった。

「ご飯を食べに行こう」

しかし、ケイは一緒に住んでいなかったこともあり、予定もあったために断った。

「まさか自殺するとは思っていませんでした」

鈴木の死後、ケイは借金があることを知った。追い詰められていたのを知らなかったとはいえ、食事を断ったことを後悔している。

「あのとき、なぜ食事を断ったんだろう。私が優しくしていれば、父は死ななかったのではないか。父が死んだのは私のせいではないか」

自死遺族としてふりかえると、自分を責めることもあるという。

40代の自殺者のピークを迎える

警察庁の「自殺の状況」(7) によると、鈴木が自殺で亡くなった2004年は3万2325人が自殺で亡くなっている。前述のとおり、前年の03年が3万4427人で、統計史上、自殺者が最多の年。バブル経済崩壊後の1998年から2011年までが年間自殺者3万人台であり、年間自殺者のピークを迎えていた頃だ。

　鈴木は40代だった。40代の自殺者は2004年には5102人。1980年代前半の経済の低迷期と同様に、5000人台を超えるというまさに、ピークの時期でもある。自営業者の自殺者数は3858人。80年代後半から続いた4000人台よりやや減少したものの、全自殺者の11・9％でもあり、2020年の6・01％と比べてみても、倍近くになっている。それだけ、バブル経済崩壊の影響は、自営業者に大きかった時期でもある。

　自営業者のうち、「遺書あり」は1486人。「遺書なし」が2372人と、遺書がない自殺者が多い。ただ、鈴木は遺書を記していた。遺書の内容としても、借金苦を匂わせる〈この保険金で（社員の）給料を補って〉があった。まさに、「経済社会問題」として分類される自殺の「理由・動機」だったのではないか。

バブル崩壊後に自殺急増期に。世代効果も

　バブル経済崩壊後の金融危機をきっかけにした年間自殺者3万人だった1998年から2011年までの特徴は、3つあるとされる。[8] ひとつは、1997年から98年にかけての「急増」、2つ目は、98年から10年以上にわたり、年間自殺者が3万人を超えるという「恒常性」、3つ目は、子どもの自殺が増えるなどの「若年化」だ。

「急増」については、前述の2万４３９１人から3万２８６３人と、前年比で35％も増加した。月次の男性完全失業率と負債総額１０００万円以上の倒産件数は、男性自殺者の月次推移との相関があると言われている。そのためもあって、特に１９９８年3月が目立ったのだが、決算期が影響した。

「自殺対策白書」[9]が初めて出されたのは２００７年。それによると、１９９７年から98年の自殺者数の急増局面では次のような特徴があると指摘されている。

1）男女とも全ての年齢階級で自殺者数が増加しているが、45歳～64歳までの中高年男性の自殺者数の増加がその大半を占めている。

つまりは、急増のメインは中高年男性の自殺者数だということができる。

2）男女とも15歳以上の全ての年齢階級で自殺死亡率の上昇がみられるが、特に、中高年男性の自殺死亡率の上昇が顕著であり、50代後半と高齢者に２つの自殺死亡率のピークを有する形に変化している。

中高年の中でも特に50代後半の自殺死亡率が上昇した。加えて、高齢者の自殺死亡率が高くなっている。

3）職業別では、自営者、被雇用者の増加率が高く、また、無職者の中では、失業者の増加率が高い。

職業としては、自営業者や被雇用者、失業者の自殺が多い。
4）原因・動機別では、経済・生活問題、勤務問題の増加率が高い。
やはり、経済的理由が上位を占める。
また、出生の時期との関連を示すコホート研究[10]によると、1998年の自殺者急増期を生きた中高年男性は、1955年前後に自殺死亡が急増した15〜24歳が中核だ。第2次世界大戦の社会変動のとき、小中学生だった。その前後の世代よりは、自殺死亡率が高い。いわゆるコホート効果（世代効果）も影響したとも言われている。

精神医学的な要因としての「自殺の危険因子」だけでなく、経済的要因としての「失業率と相関がある日本の自殺死亡率」、そして、世代としての「コホート効果」も大きい意味合いを持つと言われている。いわば、戦争ほどでなくても、暴力的だったり、社会不安が増すような時代背景の中で子ども時代を過ごすことは、将来への不安感や生き方の選択肢を狭めてしまいかねない。また、同世代に自殺が多いと、問題解決の選択肢として自殺が浮上しかねない。

そうしたことを示している。

自殺対策はいつから?


年間自殺者3万人になる1998年以前は自殺予防・自殺介入・事後対応などの自殺対策は必ずしも熱心とは言えず、1957年に、国立精神衛生研究所の加藤正明氏が『精神衛生資料』で、日本の自殺死亡率が54年から世界1位になっていることを報告した。

「1954年以降、日本の自殺率は世界第一位となった。これに次ぐ国は、デンマーク、オーストラリア、スイス、西ドイツ、フィンランド、スェーデンであり、最も少ないのはアイルランド、北アイルランド、アメリカの白人以外、チリー、スコットランドである。日本における高い自殺率は、青年層及び女性の自殺が多いこと、及び、一家心中、情死のごとき集団自殺が日本の自殺の特徴であるため、といわれる[11]」

研究レベルでは、1970年に「日本自殺予防学会」の前身「自殺予防行政懇話会」ができる。74年、自殺研究していた精神科医の大原健士郎氏が『自殺学』を出版する。この頃は各民間団体の取り組みに任された。71年10月、東京で「いのちの電話」が発足した。その後、各地にセンターができ、77年には「日本いのちの電話連盟」ができた。

1979年は、1959年に国連総会で「児童の権利宣言」の20周年を記念したものとして決められた、「国際児童年」だった。1950年代はこの時期の10代、20代の自殺者のピークを迎えていた。その後、減少したが、79年に、子どもの権利が保障されていない一例として、青少年の自殺が多すぎることが国際的に批判を浴びた。

そのため、国の動きとして、同年2月、総理府青少年対策本部は、「関係省庁連絡会議」を開催し、「青少年の自殺防止対策の要点」が発表された。実態解明、相談活動の充実、孤立させないための施策、マスコミへの協力などが発表されている。また、「青少年の自殺問題に関する懇話会」も発足。「子供の自殺防止対策について（提言）」を出した。

民間としても、１９８３年には大阪自殺防止センターが始まった。98年に「東京自殺防止センター」をつくるなどの動きがあった。かつて国立精神・神経医療研究センター精神保健研究所で自殺予防総合対策センター長をつとめ、現在は一般社団法人「自殺予防と自死遺族支援・調査研究研修センター」の理事である竹島正氏はこう評価する。

「自殺死亡急増前に生まれた活動や研究は今日の自殺対策の発展を支えている[12]」

その後も２００９年には「岩手自殺防止センター」が開所する。いずれも大阪や東京の自殺防止センターと同じＮＰＯ法人国際ビフレンダーズが行っている。さらに、10年、別法人だが、京都では「京都自死・自殺相談センター　Ｓｏｔｔｏ」が開設する。

行政的な取り組みとしては、１９８５年に新潟県松之山町で、高齢者のうつ病調査をモデルにした保健医療福祉介入が行われた。

さらに、精神科医の中での自殺研究、自殺予防対策などが進められてきていた。１９９

8年の自殺者急増後、2000年、健康づくりの指針「21世紀における国民健康づくり運動（健康日本21）[13]」が作成された。

これは「健康づくり対策」としては第3次となるものだった。この中の「休養・こころの健康づくり」の項で、「自殺者の減少」に関して数値目標が出された。1998年には3万2863人だった自殺者を2010年には2万2000人以下にする、というものだった。しかし、数値目標を出したことは成果だが、責任の主体は明確ではなかった。

「自死遺児」の声が大きくなり、基本法へ

初めて『朝日新聞』で「自死遺児」という言葉が使われたのは1999年だった。災害や病気で親を亡くした子どもたちのために、10キロを歩いて募金を呼びかける「あしながPウォーク」の紹介記事だ。父親を膵臓癌で亡くした大学生が[14]「最近では、不況やリストラで親が自ら命を絶つ『自死遺児』も多い」とコメントしていた。

その後、あしなが育英会が自死遺児ミーティングを開催。さらに当時の総理大臣と面会し、自殺対策の必要性を訴えた。当時は関心が高くなく、『朝日新聞』は「首相動静」で「11時45分、自死遺児の大学生らが陳情。玉井義臣あしなが育英会長、下村博文自民党代議士[15]」と伝えるのみだった。

ただ、『毎日新聞』は詳しく以下のように伝えていた。

「父親が自殺し、遺児となった大学生と専門学校生計10人が3日、首相官邸を訪れ、働き盛りの自殺防止対策を進めるよう小泉純一郎首相に直接訴えた。首相は『今後も大変なことがあると思うけど、負けないで頑張ってほしい』と励ました。

その後、東京都千代田区の『あしなが育英会』で記者会見し、7人は名前を公表し『つらい思いをするのは私たちで最後にしてほしい』と話した。遺児たちはこれまで、『就職に影響する』『すさんだ家庭と思われる』と偏見を恐れ、実情を訴える場合も匿名だった。

国内の自殺者は昨年まで3年連続で3万人に上り、育英会から高校奨学金を受ける『自死遺児』も昨年度144人と、3年前の7倍に増えた[16]」

なぜ、自死遺児が動いたのか。年間自殺者3万人の中核は中高年男性だった。彼らが父親の場合、中高生らが遺児となる。つまり、自死遺児を多く生み出した時期なのだ。自死遺児は、この時代の「当事者」で、「あしなが育英会」が自死遺児支援を本格化させた。

そして、「あしなが育英会から奨学金を得ている11人」でつくる自死遺児編集委員会による『自殺って言えない』（のちに、サンマーク出版から『自殺って言えなかった。』として刊行）が出版された。これにより、社会に向けて発信していくことになる。そして、ＮＨＫ「クローズアップ現代」で顔と名前を公表する機会を得る。自死遺児という語り部として、社会に存在感を表し、「自殺対策の法制化を求める3万人署名」につながることになった。

この署名の発起人は、東京自殺防止センターの西原由紀子氏、生と死を考える会の杉本脩子氏、あしなが育英会の西田正弘氏、自殺対策支援センターライフリンクの清水康之氏。そして、関係団体が連名団体になった。ちなみに、当時、清水氏と話すことで協力することになり、私も「賛同人」に名を連ねた。

結局、署名は10万を超えた。国会では超党派の「自殺防止対策を考える議員有志の会」がつくられ、法制化の検討が進められた。自死遺児が声をあげたことから始まって、2006年6月、「自殺対策基本法」の成立につながっていく[17]。

国会議員との連動

基本法成立に重要な役割を果たした国会議員もいる。山本孝史参議院議員（当時、民主党）だ。山本議員は、交通遺児育英会（あしなが育英会の前身）の事務局長のときに出馬し、衆議院議員を2期務めていた。3期目の衆議院選では落選したものの、参議院選で国政に復帰した。

この頃、山本議員は、厚生労働省がうつ病対策として自殺対策に取り組んでいたことを知っていたが、あしなが育英会の玉井会長と話し合う中で、社会問題として取り組む政策研究を始めていた。諸外国の自殺対策を比較研究し、自殺対策の法制定の計画を立てた[18]。

2001年11月6日の参議院内閣委員会で、山本議員は自殺対策について質問した。

98年以来、3年連続で3万人を超えておりまして、交通事故死者の3倍という数字になっております。一人の自殺者がおりますと10倍の未遂者がいると言われておりまして、一人の方が亡くなることで周囲で強い精神的障害を受ける人が5人はいるというふうに言われておりますので、この数字からしますと、毎年150万人を超える人たちが強い影響をこの自殺ということで受けているというふうに思います。

私が関係しておりますあしなが育英会という会がございまして、こうした「自殺って言えない」という、親が自殺をした子供たちの作文あるいは残されたお母さん方の手記で作文集をつくって、子供たちの進学の支援等々でせんだっても街頭募金で皆さんにお訴えをさせていただいているところでございます[19]。

また、参議院本会議でも、小泉純一郎総理（当時）に質問もしている。

男性の失業率と自殺者数のグラフを重ね合わせますと、ぴったりと一致をいたします。昨年も3年連続で3万人を超えました。自殺未遂者は30万人を超え、精神的な打撃を受けた家族や関係者の数は一年間に150万人を超えるという研究もございます。（中略）日本においても政府全体で取り組むことが求められています。総理の主導により関係閣僚会議を開催し、自殺者減少のための基本方針を協議決定するなど、省庁横断的に取り組んでください。

また、国民全体で危機感を共有し、抜本的な対策の樹立を急ぐためにも、交通事故死者数の発表は毎年お正月にありますけれども、それに倣って新年早々に自殺者の数を発表してください[20]。

自死遺児の声はたしかに国会に届き、基本法制定への力になっていたとは言える。また、国会内でも同時並行で山本議員の動きがあった。基本法制定の5年前から、山本議員は国会内で質問を繰り返していた。こうした積み上げは、国会内で大きな役割を果たした。

ちなみに、現在では当たり前になっている、警察庁の月別の自殺者数の発表だが、この時期にはまだ月別の公表はされていない。毎年6月に前年の自殺者数が発表されていた。また、厚生労働省が人口動態統計に基づいて発表していた自殺者数は月別の公表はされていたものの、公表までに4ヶ月を要していた。山本の質問は、月別の自殺者数の早期の公表で分析が進み、対策ができると期待していたようだ[21]。

　その後の２００４年７月の参議院選で民主党が勝利をしたことで、基本法制定の機運が高まった。８月には山本議員が参院厚生労働委員会筆頭理事に就任し、11月には、民主党内に「自殺総合対策ワーキングチーム」を立ち上げた。

　さらには、２００５年１月、民主党の「次の内閣」でワーキングチームの中間報告をし、党内の機運を盛り上げていった。加えて、国会内では大きく対立していた与野党だが、自殺対策においては、自民党との協力を得ることになる[22]。

「このように社会の自殺問題への関心が高まり、さまざまなステークホルダーがそれぞれの視点から自殺問題を論じる状況になった[23]」

　自殺対策基本法の理念は、「誰も自殺に追い込まれることのない社会の実現」を目指すことであり、「生きることの包括的な支援」である。

　また、「自殺が個人的な問題としてのみ捉えられるべきものではなく、その背景に様々な社会的な要因があることを踏まえ、社会的な取組として実施」されること、「単に精神保健的観点からのみならず、自殺の実態に即して実施」されること、「事前予防、自殺発生の危機への対応及び自殺が発生した後又は自殺未遂に終わった後の事後対応」などを段階に応じて実施していき、関連施策と連携していくことが求められたのだ。

自死遺児と自殺のリスク

自死遺児の自殺リスクは高い。隆明（仮名、取材当時26歳）が亡くなったと知ったのは、取材から数年後の、家族からの電話でだった。家人が、隆明がなぜ亡くなったのかのヒントを探していたとき、メモ帳が見つかった。その中に、私に取材を受けた日時・場所が書かれていた。そのため、私の連絡先をネットで探し、見つけることができたが、なかなか電話する勇気が出なかったという。

隆明の父親が自殺したのは、自殺対策基本法が成立した翌年の7月。50代だった。この年の自殺者数は3万3093人。男性は2万3478人、50代男性に限ると5481人。中高年の男性の自殺はまだ多い時期だった。隆明の父親もそのひとりだ。

家族の問題や借金があったことが理由ではないか、と隆明は思っている。加えて、父方の祖父も、隆明が生まれる前に自殺している。祖母は、隆明が16歳の頃に失踪した。そんな状況の中で、隆明は中学時代から「死にたい」と考えていた。何かストレスを抱えたときに、死や失踪が頭に浮かびやすい家族歴だ。

自身の家族関係はよいと言えるものではなかった。両親が結婚をしたのは、父の姉の存在が大きい。その姉が母親と同じ職場だったので2人を出会わせた。

「父の姉が無理やり結婚させたと聞いています。父は結婚するつもりはなかったんですよね。物心ついたときから、夫婦間の喧嘩が絶えず、包丁が飛んでくることが当たり前でした。よく家に警察も来ていました。両親の仲が悪いのがデフォルトだったんです」

自律神経失調症や会食恐怖症に

16歳のとき、隆明は拒食症になって、心療内科に通っていた。そこで「自律神経失調症」と診断された。

「基本、食べないんです。食べたとしても、すぐに吐きました。それに人と会って食べるのも苦手で、会食恐怖症ですね」

会食恐怖症は神経症の一種で、不安神経症や対人恐怖症でもある。自律神経失調症を伴うことがあると言われている。アメリカ精神医学会の「精神障害の診断・統計マニュアル第5版（DSM－5）」では、社会不安障害の特徴とされる。

〈他者の注視を浴びる可能性のある1つ以上の社交場面に対する、著しい恐怖または不安。例として、社交的なやりとり（例：雑談すること、よく知らない人に会うこと）、見られること（例：食べたり飲んだりすること）、他者の前でなんらかの動作をすること（例：談話をすること）が含まれる〉

「自覚したのは大学生のときです。社会的な振る舞いは難しいんですが、就活ではコミュニケーションはできたんです。パターンを積み上げていくと、ある程度できるんです。だから、どこかで、うまくいかない場面が出てしまうことがあります」

両親の仲が悪いのが基本だったため、幼い頃はそれが「普通」と感じていた。ただ、取材の1ヶ月前には、心療内科で「発達障害」の診断も受けている。発達障害は遺伝の可能性もあるが、育った環境が影響することがあるとも言われている。

隆明が初めて「やばい」と感じたのは中1のとき。家族仲がより深刻になったからだ。小さなアパートで、ちょっと大きな言葉で悪口を言い合うと、周囲に聞こえてしまうことがわかった。ラジオの音量を大きめにして、周囲に聞こえないようにもしていた、というが、実際に周囲に聞こえたかどうかはわからない。

「自分が喧嘩を止めないと、どちらかが刺すんじゃないか」

険悪な2人であれば、離婚することも考えられるだろうが、離婚はしなかった。

高校3年のとき、高校には通えなかった。自傷行為もするようになった。

父親が自殺したのは、隆明が19歳のときだ。単身赴任先のアパートで亡くなった。縊首《いしゅ》だった。〈こうするしかない（…中略…）この先、妻と子どもを抱えて、生きていくことはできない〉と書き記した遺書があった。

「亡くなる1年前、父は、土地と家を買っています。両親の話し合いがあり、『あのアパートにいて、息子が悪くなった。だから家を買う』という話だったようです。母は『持ち家がないとダメ』と考えていました。でも、無理な購入だったようで、母が住宅ローンの連帯保証人。母は『息子もローンを払うのが当然』と考えているようです。僕は払う必要はないんですが、どうしても逆らえないんです」

自律神経失調症、会食恐怖症、発達障害などの生きづらさに加えて、支払いのプレッシャーからか、いっそう自殺が頭を過《よぎ》るようになる。

「死ぬことに囚われるんです。遺書も書いたんですが、母に見つかり、破り捨てられました。母は、父が亡くなっても淡々としています。たまに悪口を言います」

母にとっては、悪口を言ったりするのは、日常を平凡に過ごそうとする心理的な防衛の反応かもしれない。しかし、隆明は文字通り受け止める。大学時代も「ネタをネタとして受け止められない」ことで場をぶち壊したことがあったのを覚えている。

そんな中で、お酒を飲んで、首をつろうとしたこともあった。錯乱したことで、紐が外れたという。その後、薬を大量に飲み、さらに暴れて、壁に頭をぶつけて、血を流したこともあった。ちょうど宅配の人が訪ねてきて、119番通報され、気がついたら病院にいた。その病院で医師に「自分でまいた種」と言われたことをずっと記憶している。

「死にたくて、しているわけじゃない。ちゃんと理由があるのに……」

仙台市内のレストランで話を聞いたが、私は、拒食症や会食恐怖を抱えているのを取材中に知った。話を聞いていくうちに、彼にとって、そこが苦手な空間だということがわかった。今度は、取材するときには、別の空間を確保しなければならないと思っていると、バスの時間が来てしまった。「（体調が）よくなったら東京へ行きたい」とは言っていた。

しかし、隆明は取材から数年後に自宅近くの空き地で縊首した。

註

（1）「取引関係の3社長が心中　経営難示唆の遺書　東京・国立市のホテル」『朝日新聞』1998年2月26日夕刊
（2）同
（3）ロブ@大月『リストカットシンドローム』ワニブックス、2000年
（4）警察庁「平成15年中における自殺の状況」
（5）総務省統計局「労働力調査（詳細集計）」（平成15年）
（6）斎藤太郎「平成の労働市場を振り返る～働き方はどのように変わったのか～」『ニッセイ基礎研究所』2019年3月28日　https://www.nli-research.co.jp/report/detail/id=61202?pno=

1&site=nli
（7）警察庁「平成16年中における自殺の状況」
（8）澤田康幸、崔允禎、菅野早紀「不況・失業と自殺の関係についての一考察」『日本労働研究雑誌』52巻第5号、58－66頁、２０１０年5月
（9）内閣府『自殺対策白書』２００７年
（10）「出生コホートと自殺死亡率」『自殺対策白書』内閣府、２００７年
（11）加藤正明、田頭寿子「自殺」『精神衛生資料』第5号、１９５７年、68－76頁
（12）竹島正「自殺対策のこの10年の経験から学ぶこと—精神保健と公衆衛生の狭間で—」『精神科治療学　特集—その後の自殺対策Ⅰ—社会的な自殺問題と対策の現在—』星和書店、第36巻8号、２０２１年8月、８６４（4）
（13）健康日本21　http://www.kenkounippon21.gr.jp/kenkounippon21/about/index.html
（14）「災害遺児らを支援ウォーク　仙台・石巻で３４０人参加／宮城」『朝日新聞』１９９９年11月8日
（15）「首相動静・3日」『朝日新聞』２００１年12月4日
（16）「父親が自殺した悲しみ、私たちを最後に——小泉首相に防止策訴え、7人が実名会見」『毎日新聞』２００１年12月4日
（17）森山花鈴「自殺対策における官民学の役割」、南山大学紀要『アカデミア』社会科学編　第11号、２０１６年6月、59－87頁　https://core.ac.uk/download/pdf/236156662.pdf

(18) 同前
(19) 第153回国会　参議院内閣委員会　第6号　平成13年11月6日
(20) 第153回国会　参議院本会議　第14号　平成13年11月28日
(21) 前掲、森山花鈴「自殺対策における官民学の役割」
(22) 同
(23) 前掲、竹島正「自殺対策のこの10年の経験から学ぶこと―精神保健と公衆衛生の狭間で―」

第2章

インターネット時代の自殺

インターネットで「自殺」をテーマにする「自殺系サイト」は多種多様だ。内容も、自殺願望や希死念慮を吐露するサイトをはじめ、心理学・精神医学的な分析をしている学術サイト、自殺方法を提示したサイト、未遂経験を記しているサイトまである。

ドクター・キリコ事件〜毒物配送自殺幇助事件

インターネットと自殺の関係が言われ始めたのは、「ドクター・キリコ事件」がきっかけだった。1998年12月、ホームページ「安楽死狂会」のコンテンツのひとつ、「ドクター・キリコの診察室」という掲示板で、ドクター・キリコこと草壁竜次（ハンドルネーム）が、自殺問題に関する相談、特に向精神薬に関する相談に乗っていた。「ドクター・キリコ」の由来は、手塚治虫の漫画『ブラック・ジャック』の登場人物のひとり。キリコは患者の安楽死を願うために治療を行う。ただ、草壁がこの名の由来を知っていたかは定かではない。名付けた「安楽死狂会」の管理人・美智子交合は、自著『わたしが死んでもいい理由』[1]で「知らなかったようだ」と述べている。

草壁は、自殺願望が消えない相手に青酸カリが入った「EC（エマージェンシー・カプセル＝緊急カプセル）」を保管委託という名目で送っていた。5年後には返却してもらうという契約だった。そのうちのひとりが12月15日、カプセルの蓋を開けて服毒自殺。警察からその連絡を受けた草壁も自殺した。

草壁は、精神病関連や薬関連について、他人が開設していた掲示板等に書き込みをしていた(2)。現代の精神医療に絶望した草壁が、死ねる薬が目の前にあれば、逆説的に自殺を回避できると考えた。『完全自殺マニュアル』(3)と同じように、自殺の手段を知っていれば、かえって、現実を生きようとするとの発想とほぼ同じだ。

「我々（うつ病を患う人々）のこういう、どうしようもない気持ちなんて、所詮、我々にしか解らない(4)」

「ドクター・キリコの診察室」という掲示板を設置

青酸カリを「購入」した最初の人物とのやりとりは「ドクター・キリコ」と名乗る前に行われた。1998年3月18日、茨城県の男性が草壁の口座に3万円を振り込んだ。送られてきた荷物を不審に思った母親が男性に渡さなかったという。

次の購入者は千葉県の男性。郵送したのはECではなくクロロホルム500ミリリットルと抗認知症薬（アルツハイマー治療薬）だ。第2、第3の青酸カリ購入者が現れるのは6月。「草壁竜次」と名乗り、「自殺掲示板」で〈シアン化カリウム売ります〉と書き込み、

「カリの売人」と言われるようになった。足立区と愛知県の女性がECを買った。

7月3日、第2の購入者が自殺する。睡眠薬と精神分裂病〔統合失調症〕治療薬（メジャートランキライザー）を大量に飲んだ。ECが死因ではないが、「目の前に致死量の青酸カリがあれば、逆説的に自殺防止になる」との考えは事実上、崩壊した。

この頃、美智子交合が「安楽死狂会」を開設する。自殺系サイトの掲示板で知り合っていた草壁を「ドクター・キリコ」とし、「ドクター・キリコの診察室」という掲示板を設置した。「診察室」では表立って「EC」や「青酸カリ」の名を出したことはない。

第4の購入者は練馬区の女性だ。美智子交合が開設していたもうひとつのホームページ「自殺倶楽部」を通じてECの存在を知った。第6の購入者となる埼玉県の男性を経由して、「自殺倶楽部」に入会した。埼玉県の男性は11月にECを入手。その後、向精神薬の大量服薬で自殺を図ったが、未遂となった。練馬区の女性も、青酸カリを水に溶かし、飲もうとしたが、父親がホテルで薬を没収した。

第5の購入者は美智子交合本人だ。ECを入手後の8月下旬、美智子交合は樹海をさまよった。結局、樹海近辺のバス停で昏睡しているところを保護される。

12月。最後の購入者は杉並区の女性だ。ECの保管委託が契約された。しかし、「使用しない」という草壁との約束を破り、ECの蓋を開けた。この女性は実際に飲み、昏睡、痙攣《けいれん》しているところを母親が発見し、救急車で病院に運ばれた。その後、病院からの電話で草壁は女性がECを飲んでしまったことを知る。警察が草壁と電話をした。

「自分もいつでも死ねるように青酸カリを持っている」

その後、連絡は途絶えた。草壁は自らも服毒自殺した。ほぼ3ヶ月後の、1999年2月12日。草壁は自殺幇助《ほうじょ》の疑いで、被疑者死亡のまま書類送検された。

ネット心中が起きる

SNSなどインターネットを介して複数で自殺をすることを「ネット心中」と呼ぶ。最初に「ネット心中」が使われたのは『読売新聞』の見出しだった。

ネット心中　46歳の歯科医と25歳元OLが服薬死　自殺HPで出会う／福井
◆メール交換3週間
自殺に関する情報を集めたインターネットのホームページで知り合った男女が、福井県内で心中しているのが二十六日見つかった。面識のなかった二人が今月上旬にネット上で知り合い、心中するまでわずか三週間余り。メールで頻繁に心中の仕方や薬物の種類、お互いの意思などを確認し合っていたという。インターネットが心中の

〈仲介役〉を果たしたことになり、改めて高度通信社会の病理の一端が浮き彫りになった。(5)

この記事では、見出しをつける整理部の記者が「インターネットが心中の〈仲介役〉を果たした」の部分を短縮させたのではないか。『読売新聞』の記事本文で使われるようになったのは2000年11月11日の記事で、約2週間後。福井県で起きた事件の解説記事だ。

〈ネット心中〉は情報社会の〝闇〟の一端を感じさせたが、救いもある。自殺に関するHPで、こんなメッセージを見つけた。

「死ぬことを考えていると、『死ぬことを考えることを考える』に変わり、同時に、自分の中の病んでいる部分が明確になった。それは成長か進展か……」

お互いの気持ちが分かった時、なぜ、死ではなく、前向きな気持ちを選択できなかったのか。(6)

しかし、事件記事としては2007年11月12日の社説で使われて以降、『読売新聞』では記事にも見出しにも使われない。一方、『朝日新聞』で「ネット心中」が最初に使われたのは2003年だ。[7] 本文で使われ始めたのはその翌日の解説記事だ。[8]

連鎖するきっかけの入間市のケース

2000年の福井のケースは連鎖しなかったが、次のケースは連鎖することになる。埼玉県入間市下藤沢のアパート内で、03年2月11日、近くの無職男性（26）と千葉県船橋市の無職女性（24）、川崎市の無職女性（22）の3人が死亡しているのが発見された。死因は一酸化炭素による中毒死で、3人は川の字になって亡くなっていた。

遺体を発見し、119番通報をした栃木県に住む女子高生（17）の話から、02年12月頃、亡くなった3人とその女子高生はネットを通じて計画のやりとりをしていたことがわかった。「男性がインターネットで、この部屋で自殺する人を募っていた。男性と連絡を取っていたが、電話が途絶えたため心配になった」と警察に供述していた。

女子高生は死亡した男性らと数日前から連絡が取れなくなったことから、同アパートを訪れ、室内で人が倒れているのを見つけて通報した。玄関は施錠されていたが、3人のいた和室の雨戸が開いていたという。

自殺系掲示板で呼びかける

2002年10月、計画立案者と思われる無職男性のユーザーが「心中相手募集　関東編」という見出しを立て、「自殺志願者交流」という掲示板に書き込みをしていた。

〈埼玉県に住む者です。一酸化炭素中毒で逝こうと思っています〉

さらに、12月4日に同じ掲示板で、無職男性と船橋市の無職女性と思われる2人の連名で、「心中募集」の見出しで次のように書かれていた。

〈練炭・コンロ・睡眠薬・密封できる部屋。全て揃え終わりました。参加したい人には、睡眠薬などを差し上げます。ただし、女性に限ります〉

このときにハンドルネームが「月夜・美夕」とされている。おそらく、「月夜」が入間市の無職男性。「美夕」が船橋市の無職女性と思われる。さらに、「美夕」名で、別の自殺掲示板に心中呼びかけの書き込みがあった。「決意表明」と題された投稿は、02年9月16日のものだった。

〈私は、なにがなんでも、今年の冬中に自殺を決行することを決めています〉

書き込み内容でわかることは、時期は多少前後するものの、「月夜」と「美夕」は、睡眠薬を飲んで一酸化炭素中毒という同じ方法での自殺を考えていた。しかも仕事で悩んでいたことや自殺を考えていた時期が同じだった。

また発見した女子高生の話では、1月上旬、死亡した3人とともに、今回の現場の下見をしていた。また同中旬には、自殺した3人と女子高生を含む4、5人で、東京・渋谷駅近くで待ち合わせをし、いつ自殺するかなどを話し合ったという。

自分語りをしない呼びかけ人

「月夜」は自分語りをしていなかった。発見した女子高生の話でも、「(月夜は)昨春まで会社に勤めていた。『仕事が見つからない』と話していた」という理由だけしかわかっていない。失業は自殺の要因のひとつだが、自分語りする多くの自殺願望者は、自信のなさや喪失感を綴っているものが多い。

この時の「月夜」の心情は、自殺をしたいというものであり、「誰かと一緒に」という〝期待〟があったことだろう。これは「群衆心理」から来る心情に似ている。

群衆の現わす感情は、よかれ悪しかれ、極めて単純でしかも極めて誇張的であるという、二重の性質を示す。(…中略…)感情は、暗示と感染とによって非常に早く伝播し、それが一般の賛成を得ると、著しくその力を増大するのであるが、群衆における感情の誇張は、この事実によっていよいよ強められる。(9)

19世紀の社会心理学者ボンは、時代的制約もありインターネットは想定していなかったが、ここに示される群衆の心理は、インターネットでの閲覧者そのものだ。インターネットは極端な言説や感情での交流がなされやすい。そこでの感情は、社会的感染、つまり、周囲に影響を与えやすい。それらの感情が、やりとりしている者同士で共感を得ると、その言葉の真の意味はわからないものの、仲間として認知されやすい。

「自殺相手募集」という書き込みは「極めて単純でしかも極めて誇張的」といえ、お互いの自殺願望までの心情を察することができる。

呼びかけ人のメールの中身

実は、集団自殺計画の「応募終了」後、参加を申し込んだ女性（30）がいた。その女性は「月夜」とメールを4回やりとりした。私はそのメールを入手した。

女性が最初に「月夜」にメールを送ったのは2003年1月27日。自身が自殺願望を強く抱えている時期で、計画に参加したかったのだ。すると、返事が返ってきた。

〈我々のグループは実行に向けてカウントダウンに入っています。なので、今回は難しいと思います。ただ実行が延期になるようでしたら声をかけます〉

また、28日にも「月夜」からメールが届く。

〈こんにちは。練炭は、焚くコツより、場所の密閉度や時間が大切です〉

今度は、月夜から自分たちが行う集団自殺計画の一部とも思われる方法で、彼女に自殺の方法をアドバイスしてきた。その後も2度（2月1日と3日）、具体的な購入方法などでやりとりしていた。「月夜」はいくつかのHPのURLを教えていた。そのURLは、健康と空気の関連を示したものや、一酸化炭素中毒の注意を呼びかける保健所やガス会社、病院のHPだ。「月夜」もこれらを参考にしたということだろう。

また、募集をしたときに、掲示板に参考情報として載せたのは、毎日新聞のスクープ記事の「ネット心中事件」（記事では「ネット心中」は使用されていない）だった。

死ぬための出会い　自殺願望サイトで知り合い1カ月…東京・練馬で10月に心中

◇見知らぬ男女が部屋で七輪に…
東京都練馬区のマンションの一室で今年10月、男女2人が心中しているのが見つかった。2人の〝出会い〟は、インターネットの自殺願望の掲示板だった。見ず知らずの男女が、死ぬためだけに出会い、そして命を絶った。その間、わずか1カ月余だった。[10]

この入間市ネット心中後、掲示板やチャットで集団自殺を呼びかける人が増えた。それだけ「感染力」が強かったタイミングだったのだろう。

ちなみに、発見した女子高生はどうなったのか。警察で「生きていこうと思う」と話していたという。ただ、自殺願望はなかなか消えなかった。4月末、自宅の押し入れで自殺しているのが発見された。死因は練炭による一酸化炭素中毒だった。

ネット心中のやりとり

自殺系掲示板でのコミュニケーションはまず、掲示板にアクセスするところから始まる。書き込みから出会い・決行までを考えると、相当なエネルギーを費やす。

例えば、自殺願望や自殺相手募集の書き込みをする。それだけでスッキリし、その後、掲示板を覗かないこともある。また、リアクションがなく、管理人とのメールのやりとりが始まることがある。募集したことで、何かしらの連絡があることがある。そこでリアルさが増し、恐怖感が湧く、または、相手にされたことの安心感でホッとすることもある。

そこで終わってしまうこともあるが、やりとりの結果、会う約束をすることもある。「ネット心中」する前提だとしても、〝打ち合わせ〟をするために、オフ会を開くこともあるのだ。
ただ、お互いの「死にたい」理由を話すことでグループが崩壊することがある。自分は死んでもいい存在だが、「あなたは死ぬべきではない」と止めようとする人もいる。つまり、死に向かう心情が強化されるコミュニケーションのパターンもあるが、生きることに転換していくパターンも多い。末木新らの研究によると、こう言えるという。

匿名のインターネットユーザーに対する自殺念慮の吐露は自殺念慮の変化に対して統計的に有意な影響を有さなかった。一方、自殺念慮の吐露に対する返信は、有意に自殺念慮を低減させていた(11)。

つまり、掲示板やSNSで吐露した内容に返信があると、自殺願望や希死念慮が減っていき、孤立感が和《やわ》らぐ人が出てくる。支え合う友人ができたり、恋人ができたりする。
それに死ぬためのグループとなったとしても、当日までに連絡が取れなくなったり、当日の待ち合わせに来なかったり、第三者にSOSの電話をしたりすることもある。

自殺系掲示板でネット心中を止める

「死ぬことばかりではなく、もう一度生きる方向を考えてほしい」

関東地方在住の会社員、ミノル（仮名、34）は2002年9月、関西に住むミホ（仮名、17）が計画していた「ネット心中」を止めようとした。家庭問題などで悩んでいたミノルは8月上旬、集団自殺のメンバーを募っていた。そのときにミホと知り合っていた。

募集していたミノルは応募者たちと実際に会ったり、メール交換をしていたが、「この人となら死んでもよい」と思える人には巡り会えなかった。徐々に、「死ぬにもエネルギーがいる」と思い始め、「ネット心中」を考えなくなる。

こうした思考の変化が起きたのは、自殺掲示板の管理人とのメールのやりとりが大きかった。管理人は、自殺遂行のためではなく、自殺についてもう一度考え直してもらうために掲示板をつくっていた。ミホと出会ったときはすでに止める側になっていた。

「彼女はまだ死ぬべきではない」

ミホと話をしたことで、ミノルは素直にそう思った。しかし、ミホは志願者を探す毎日だった。9月初め、ミホから〈40代の男性と（ネット心中の）約束をした〉とのメールが届く。結局、失敗に終わる。ただ、ミノルはミホの絶望感にも触れている。

「母親との関係が『もうだめ！』と言っていました。希望通りの学校に合格できなかったことで、中学3年の終わり頃から自殺願望を抱いていたようです。『自分は悪い子だ』と思っていて、それに高校卒業後の進路についても悩んでいました」

そうしたとき、9月中旬、〈関東の20代男性と会う。東京に行きます〉とのメールが届く。ミホは関西在住。ミノルはそのとき、プライベートで関西に向かう用事があった。「死んでほしくない」と思っていたミノルは、止めようと思い、心中志願を装って、〈僕も仲間に入れてくれ。待ち合わせ場所はどこ?〉

とメールを送った。遅くなったが、〈家に帰りました〉と返信があった。本当に帰宅したのかどうか不安だったミノルは、会ったときの話や着ていた制服から、関西にある学校のホームページを見つけて学校名を割り出した。

翌日になってミノルは学校に連絡した。ミホが行方不明になっていたため、担任が対応した。警察署でミホの母親に会うことを仲介してくれた。

〈計画は中止になりました。山梨県でさまよっています〉

ミノルの元に再びメールが届いた。母親がミホの部屋を案内してくれた。樹海の資料や地図があった。「ミホはきっと樹海にいる」と思い、山梨県警富士吉田署に通報。両親は山梨県に向かった。

しかし、翌朝、北関東の警察から、自宅に遺体発見の連絡があった。スキー場の入り口で練炭自殺をしていた。携帯電話等の遺留品からミホだと判明した。樹海の資料や地図は完全にフェイクだった。

「相手の男性の指示でしょう。その男性は僕を警戒していたと思う。亡くなったことは残念だった。それまでは正直に話してくれていたので、嘘のメールを送るのもミホは辛かったかもしれない。（自殺が）ミホの遺志だと思うので後悔はないです。ただ、もう少し早く両親に会うことができていれば、違った結果になったかもしれません」

葬儀には350人も参列していた。ミノルも招待されたが、弔電を打つだけにした。

参加する中でグループから離れる

2007年12月のクリスマス近く。長野県茅野市内で、男女2人の遺体が発見された。インターネットで知り合い自殺した、いわゆるネット心中だ。実はこの2人と直前まで行動を共にしていた男性がいた。50代の会社員、大沼（仮名）だ。

大沼が2人と出会ったのは、無料レンタル掲示板で作成された自殺系掲示板だ（現在は閉鎖）。「いくつかの（うつの）波」が重なり、自殺を考えた。

「空虚さが重く支配していて、すべてを投げ出したくなったんです」

2人が亡くなった後、大沼を取材したのは池袋駅西口のカラオケボックス。インターネットで「ジャーナリスト　自殺」などで検索をし、私に連絡を取ってきた。ボックス内で落ち着くと、この段階で自殺を思いとどまった理由を話し始めた。

「自分のだらしない面、どうしようもないことがある。それらに嫌気がさして、（2007年）12月7日の段階で、一瞬、一線を超えたんです。そのときの精神状態は分析不能です」

この時期に、自殺仲間を募集するほどの衝動が襲ってきた理由は何か。

「小さなパンチがいくつか飛んできたのかもしれません。あえていえば、仕事等のプレッシャーですね。働き過ぎ自体がプレッシャーではないんですが、今回は、逃げたくなったんです。それまでの自殺願望と違って、自殺系サイトを覗いたのも初めてです」

「仕事等」とわざわざ「等」を付けて話しているのが気になった私は、家族のことを聞いてみた。家族とは別居状態ではあるという。

「3年ほど家族とは別居状態ですが、今回の自殺衝動に関しては、直接は関係ない」

そんな中で大沼が望む「車（レンタカーをのぞく）」「練炭」「睡眠薬」の3つを持っていた「名古屋の男」と会う約束したが、会えなかった。結局、掲示板の書き込みに応じる形で、10人ほどと知り合い、このうち、大阪、名古屋、静岡、神奈川、東京の人たちと会うことができた。

「（それまでは会わず）当日に集合する、というのも聞きますが、それはやめようと。最後のチームとして組むわけですから、信頼できるメンバーとして過ごしたかった」

大阪の女性と待ち合わせをした。その後も「田中」という男性に会った。

「もう後戻りできないと思いました。自分の決意が揺るがないため、『死ぬしかない』という気持ちを継続しようと、どんどん自分を追い込みました。今から考えれば、みんないい人たちだった。とくに、『田中』という男性とは話も合ったし、信頼関係もあったと思います。『もっと違う場面で会っていれば、いい仕事ができたな』と話していましたし」

こうして「最期のメンバー」を探していた大沼は、その後、必要な「道具」を入手した。まずは都内の開業医（内科）に行くと、すぐに睡眠薬（マイスリー）を処方してくれた。また、メンバー探しのために名古屋に行ったとき、開業医に行き、「もう少し強い薬を出してほしい」と告げ、都内の開業医から処方された薬を見せ、さらに強い薬（処方薬名は不明）を入手した。

この時点で決行は3日後の「07年12月15日以降」と大沼は考えた。全員で打ち合わせをし、方法や場所を検討して、一旦解散した。そのうちのひとりから、〈ひとりで決行する〉との連絡があった。この段階で、ひとりが抜け、最大6人になった。

12月13日、ネットカフェから最後の打ち合わせ場所として名古屋のホテルを予約した。結果、大沼と「田中」、大阪の女性、都内の男性の4人が「最期のメンバー」と決まった。

その後、都内男性が「決行日が曖昧な以上、一緒には行けない」と言い、最終的に３人となった。

12月14日朝、待ち合わせ場所の新宿駅西口地下交番前から３人がレンタカーで出発した。大沼は、「レンタカーはあくまで移動の手段であり、車内で決行することは考えていない」と主張した。そのため、練炭を燃やす場所は「テント内」ということに決まった。

３人は食事をしながら、決行場所を考えた。しかし、レンタカーのカーナビゲーション・システムが故障していたため、「土地勘のある場所で」となった。大阪の女性は東京方面には思い入れのある土地がない。大沼と「田中」は、「山」「静か」「できれば雪の中」ということを頭に浮かべながら考えた。２人の共通項だった長野県が「最期の場所」の候補となった。

「大学生の頃、私の家の別荘が白樺湖にあったんです。それに『田中』も会社員時代にこの地方に赴任したことがあったと言っていました。『田中』の先輩の別荘が茅野市内にあったんです」

３人は長野県に向かう途中に、「テント」と「練炭」はホームセンターで購入した。また、テントと練炭は「田中」と女性が２人で車に乗って買いに行った。大沼は近くの開業医を訪ね、さらに睡眠薬を入手した。この日の夜、３人の気持ちを確かめ合った。大沼は死への決意が揺らがないように、携帯電話を捨てた。

12月15日。周辺でテントを張り、発見されない場所を探した。その後、具体的にテントをどこに張り、決行する場所をどこにするのかを考えながら探したが、決まらないでいた。すると、大沼以外の2人から、「レンタカーでもいいんじゃないか」との話が持ち上がった。大沼は断固として拒否する。また、キャンプ場でしようとの案もあったが、3人の格好などが不自然なために、怪しまれると思い、断念した。

「このとき思ったんです、『楽に死のう』と考えるのではなく、やっぱり、私は首つりがいいと」

その思いを夕食時にほかの2人に伝えた。このため、3人一緒にテントで練炭自殺という計画を変更し、「田中」と女性が2人で練炭自殺。そのテントの近くで大沼が首つり自殺をする、といった内容に変更することになった。

3人は再び白樺湖へ向かった。その途中の、白樺湖と蓼科牧場の間で候補地を見つけた。そこは通行止めになっている林道で、人も通らなそうに思えた場所だ。実際にテントを組み立てて、練炭も燃やしてみた。また、首つりをするシミュレーションもしてみた。結局、「田中」と大阪の女性はレンタカー内で練炭自殺することにした。その際、レンタカーをワンボックスカーに借り直した。大沼は首つり自殺することにした。しかし、3人に気持ちの変化が生じる。

「山にこだわる必要はない。ならば、東京郊外の深夜のコインパーキングのほうが見つからないのではないか。やっぱり戻ろうか、となったんです」

2人にその気持ちを話すと、急遽、3人で東京に向かい、都内で候補地を探す。途中、大阪の女性はクリスマスのイルミネーションを見て、「お母さんもイルミネーションが大好きで、毎年、家ではイルミネーションを飾っているんです」と話したという。母娘関係はよいのだろう。

夕食と宿泊は都内のホテルにした。その時、「東京は山に比べて人が多いし、光もある。この環境で、あの山の場所を思い浮かべると、あの場所では絶対に見つからないはず」となり、再び、「田中」の先輩の別荘近くの空き地が候補に浮かんだ。最終的に、決行日は「12月19日」になった。大沼はレンタカー内で一緒に死ぬわけではない。そのため、2人が死ぬ場所を決めて以降は別行動となった。

12月18日。3人は再び、茅野市へ向かう。昼食後、最期の場所として候補に選んだ空き地に行き、確認した。その上で、この日の夜、3人そろっての「最期の食事」をした。19日。別々になった「田中」と大阪の女性2人は、「うまくいかなかったとき」にはメールする約束をした。しかし、2人からメールは来ない。

「お亡くなりになったのだろうか。あるいは、連絡できない状況なのだろうか。現場に行くべきだろうか。息があれば救急車を呼ばなければ。そう思ったんですが、動けなかったんです」

翌日。メールはなく、関連のニュースもなかった。この日は大阪の女性が母親にあてたグリーティングメールが届く日だ。自殺をしたことやその場所を伝えるものだ。母親がメールチェックをしていたら、娘の死を知るはずだろうと大沼は思った。

「女性は、家を出るときに、すでに母親に対して自殺予告をしていたんです。それに、母親がグリーティングメールを読み、警察へ積極的に働きかければ、ニュースなどにはなるのではないか、と思ったんです。ところが、何もニュースは報道されなかったんです」

25日になって、大沼はようやく関連記事を発見する。

「今では、2人が命を落としたことに、私は加担したと思っています。たぶん、3人になった段階で、私が抜けていたら、流れ解散になっていた可能性があります。あるいは、その後でも『やめた』といえば、2人は自殺しなかったかもしれないと思います」

そんな状態で私に話をすることにした。話し終えた大沼は取材前よりもリラックスしていた。そして、「友人とこれから飲みに行きます」と言って、池袋の街の中に去って行った。数日後、大沼から〈話を聞いてくれてありがとう。いろいろ自分の気持ちも整理できました〉とのメールが届いた。そして、〈なぜ、自分が自殺を考えるようになったのかをもっとはっきりと説明できるようになった〉とも書かれていた。

その後、大沼の妻と連絡を取ることができた。大沼の話と妻の話は、特に別居状態の理由については食い違いがあった。しかし、妻は大沼を探した。警視庁へ行き、身元不明遺体の「行旅《こうりょ》死亡《しぼう》人《にん》」のリストを閲覧した。2009年頃、都内のホテルの浴室で首をつって、自殺していたことがわかった。チェックアウトの時間になっても部屋から出てこなかったことから、ホテルの従業員が部屋を確認。浴室でぐったりしているのを見つけたという。「ネット心中」をしようとしたが、結局、ひとりで亡くなっていたのだ。

ネット心中のウェルテル効果

先述したように、福井県のケースは連鎖しなかった。それには理由がある。2000年10月と2003年2月という時期の差だ。

00年のインターネット利用者は、4708万人。パソコンによる利用者は3723万人。携帯電話・PHSからの利用者は2364万人。まだパソコンからの利用者が多かった。普及率は37・1%で、そのうちパソコンからのみの利用者が47・0%もいた[12]。

しかし、03年になると、インターネットの利用者数は7730万人。パソコンのみの利用者は3106万人とやや減少したが、携帯電話・PHSからの利用者は2834万人と増加した[13]。「ネット心中」に絶対的に必要な「手段としてのインターネット」が身近になっていった。

ある情報によって連鎖自殺が引き起こされることは「ウェルテル効果」と呼ばれている。ゲーテの『若きウェルテルの悩み』によって引き起こされた群発自殺に由来する。主人公のウェルテルが、婚約者のいる女性に恋をしたが、叶わない。最終的に自殺をするという内容だ。主人公と同じ服装、同じ方法で自殺する若者が多かったことから、ヨーロッパの一部では発禁処分になった。

日本でも同様な効果が指摘されたのは、1986年4月8日にアイドル、岡田有希子が自殺したときだ。ポスト松田聖子と呼ばれた歌手でもあったため、若者たちに多大な影響を与えた。この年は2月、中野富士見中学校の2年生の男子生徒がいじめにより自殺したこともあり、若者の自殺が多い年だった。後追い自殺や連鎖自殺の懸念もあり、4月9日の衆議院文教委員会で、江田五月議員（当時、社会民主連合代表）が質問していた[14]。

岡田有希子の自殺後、2週間で約30人の同世代の後追い自殺が起き、飛び降りという同じ方法で亡くなった、と言われている[15]。

また、2011年5月12日にタレントの上原美優が自殺した。その後、若い女性の自殺が増加したと言われている。当時、内閣府の参与であったライフリンクの清水康之代表が作成した資料によると、彼女の自殺直後の13日から自殺が急増した。その中心は若年女性だった。[16]この年は東日本大震災があり、例年では3月に来る自殺者数のピークが5月にずれ込んだことも影響しているかもしれない。

入間市のケース後、半年間に、少なくとも10件の「ネット心中」が起きている。タレント自殺の「ウェルテル効果」[17]と同様なことが起きたのではないか。2004年10月、7人によるネット心中が起きた。このときの呼びかけ人を、自殺する数年前から私は取材していた。有名人の元妻であり、本人もミュージシャンだった。また、解離性同一性障害の診断を受けていたこともあり、明るみになると影響が大きいと思っていた。

つながりを知った記者たちから私に取材依頼があった。しかし、その影響について話をし、それらの情報を秘匿することを条件に取材を受けていた。そのため、その情報が漏れるまでは、一定程度はセンセーショナルな報道は避けることができた。

ネットの中にヒントがあった自殺方法

「ネット心中」連鎖後、硫化水素自殺がインターネットで拡散した。容易に購入可能な薬品と混ぜ合わせて、硫化水素を発生させて自殺する。この方法による自殺が注目を浴びたのは2008年。「ネット心中」だけでなく、個人の自殺の手段で使われた。

自殺サイトで3人知り合う　埼玉・ホテル集団自殺

埼玉県川越市のホテルの浴室から男女3人の遺体が見つかった事件で、川越署は所持品などから、同県朝霞市の無職男性(35)、愛知県の男子大学生(19)、東京都目黒区の女子大学生(23)と身元を特定した。

調べでは、3人はインターネットの自殺希望者が集まる「自殺サイト」で知り合ったという。浴室内からは液体洗剤の空容器数本が見つかっており、死因は硫化水素中毒とみている。[18]

この「ネット心中」の記事が、硫化水素による初めての集団自殺だ。発見された女子大生が東大生だったことで、『週刊新潮』が大きく取り上げた。当時、硫化水素自殺は、日本ではメジャーな方法ではない。この手段を選んだということは、インターネットにそのヒントが書かれているのかもしれない、と私は思っていた。硫化水素自殺に関する情報があったのは、インターネットの巨大匿名掲示板「2ちゃんねる」(当時)のスレッドだった。名前が特にない人物がスレッドを立てていた。

【ノックダウン】硫化水素による自殺【H2S】

1：優しい名無しさん：2007/03/31（土）　02:37:31　ID:O8nnPcJ7
平成19年3月、香川大学の学生が自宅アパートの浴室で、
洗面器で市販洗剤を混合して硫化水素を発生させて自殺しました。
硫化水素について情報交換しましょう。

このスレッドでは、インターネットに配信されていた新聞記事のURLが「ソース」として記されていた。その新聞記事は、『日刊スポーツ』と『毎日新聞』のもので、3月6日に香川大学の学生が硫化水素自殺をしていた記事が、貼られたのだ。書き込みの数も多くない。

しかし、スレッドが3つ目になると事態は違ってくる。「ドクター・キリユ」という人物がスレッド主になっていた。ドクター・キリコ事件を意識しているのではないかと思われる。

3つ目のスレッドである、**【ノックダウン】硫化水素による自殺3【H2S】**は、先の「硫化水素によるネット心中」の1ヶ月前に立てられている。こうしたスレッドの影響が

あったのではないか、と思える。都内のホームセンターでは練炭と七輪を売っているところは少ないとも言われている。誰もがどこでも購入できるものであれば、なおさら飛びつきやすいのではないか。

ひとつの自殺の情報が、別の自殺を促進する方向に向かうのか、抑止する方向に向かうのかは、その情報に接している人がどのような環境に置かれているか、どのような思考の持ち主かなどによる。

そんな中で、教育委員会も対策に乗り出した。徳島市内の県立高校3年生が硫化水素自殺したことから、徳島県教委は、生徒指導担当教員の会合で注意喚起した。しかし、具体的にどのように注意を促すのか。そもそも、携帯電話というパーソナルメディアの所有率が高まっている中で、そんな注意を促すことが可能なのだろうか。

連鎖の発端となった香川の大学生はなぜ、硫化水素で自殺したのか。その大学生が自殺した理由については詳しくはわかっていないが、その方法については、自分で考えだしたわけではないようだ。

地元の警察署は自殺を確認した数時間後、ある資料を入手していた。いろいろな自殺の方法を紹介するインターネットのサイトをプリントアウトしたものだ。警察は、男子学生がこのサイトの影響を受けて自殺に至ったのではないかとみていたようなのだ(19)。

スレッドでは『完全自殺マニュアル』よりも、詳しく確実性のある方法として紹介されていた（現在では閉鎖）。

たしかに、ネットからは手段の影響があったかもしれないが、自殺衝動の要素は生活の中にある。

自殺の生放送配信「コミュは、妹に相続する」

北海道の中央部に位置し、道内では札幌につぐ都市・旭川市。羽田空港から約1時間20分で旭川空港に着く。そこから旭川市の中心部まではシャトルバスで約1時間かかる。私は駅前のホテルで、ある女性と待ち合わせをしていた。すると軽のワゴン車に乗った女性が現れた。ドアを開け、「初めまして」の挨拶をする。

生主《なまぬし》（生放送主）の「設計士（才能）」さん（18）の母親（42）だ。車で30分ほど行くと、市営住宅団地が見えてきた。リビングに設計士（才能）さんの写真が飾られていた。実は、設計士（才能）さんは2012年5月14日に自殺した。直前もニコニコ生放送をしていた。

その放送中、首つりの準備をする様子が映っていたという。リスナーとやりとりしながら放送をしていたのだ。

〈今は何をしてるんですか?〉

「ちょっとねえ。目立つようにするための罠だな」

〈人生に疲れたんですか?〉

「なぜ私のそれを知っている。なぜわかった?」

〈私もそう〉

「まあねえ、よいっしょ。この木にこれをかけるか」

〈こんな放送もいいね〉

「落っこちた。痛てててぇ。木登りって大変だな」

〈やめてよ。俺泣いちゃうよ〉

「そのかわり、泣く代わりに、俺を時の人にしてくれ。有名にしてくれ。あとで」

〈コミュニティ、どうするんだよ〉

「コミュは、妹に相続する。遺書にも書いてある」

ここで一旦、生放送枠の30分が経過する。その後、設計士(才能)さんは時間制限のない別の配信サービス「ユーストリーム」に切り替えて、生放送を最後の瞬間まで流し続ける。自身で読み上げている。

〈最後にあえてよかったよ〉

「そうだね」

いくつかのコメントに反応しながら、12分32秒で放送が途絶えている。Androidの充電が切れたのだろうか。そこまで死を意識した理由はなんだったのか。ヒントのひとつは、やはりニコ生にあった。

設計士（才能）さんは、ニコ生で編集ソフトを使って、街などを3Dで再現していた。札幌の市街地や地下鉄は評判がよかった。しかし、1000回目の放送を記念して作成したアニメ「けいおん」の舞台となった学校の校舎は、評判がよくなかった。人気作品だけにこだわりのあるユーザーが多かったのもその理由だろう。

決定的だったのは他にあるようだ。放送の中に何度も「奴隷」という言葉があった。母親によると、設計士（才能）さんは小学5年生で高機能自閉症と診断された。その後、高校受験を経て、定時制高校に通う。昼間は高機能自閉症の人たちをケアする福祉施設にも通っていた。そこでは施設の指導員に冷たくされていた。

「こだわりが強かったり、冷静に見えても頭の中はパニックなんです。そのため、『仕事をやってみたい』という気持ちにさせる配慮が必要だったんじゃないか」

設計士（才能）さんの放送は近所に住む人も知っていた。また、北海道内のユーザーでは知られた存在だった。亡くなった後でも、道内から人々が焼香にやってきた。

ニコ生での自己顕示

ニコ生のコミュニティは参加する人数が上がると、レベルが上昇する。こうしたレベル上げは、承認欲求にリンクしている。設計士（才能）さんもコミュニティのレベルを上げることを気にしていた。人気があっても、自分がしたい方向性とは違ったものは受け付けなかった。自分なりの放送が承認されたい願望、自己顕示欲は持っていた。最後の放送中でも「究極の動画宣伝方法を思いついた」と言っていた。

遺書には、妹に引き継ぐ旨が書かれていた。そのため、亡くなった3日後の5月17日午後2時頃、「設計士（才能）ついとう（妹から）」という番組を放送した。兄が亡くなったことを伝えた後、涙を流している妹も映っていた。

また、2010年には、生放送ができる動画配信サービス「ユーストリーム」で自殺の実況放送をした男性がいた。その男性も設計士（才能）さんも最後の対話相手としてリスナーを選んだ。「そこそこ知られた生主」の舞台となったニコ生が、何でも話せる友達を探せる場でもあったからだろう。

自らの3D作品の発表の場であり、友達づくりの場であり、悩みを相談する場でもあった。「設計士（才能）」は、ネット上の自分そのものがメディア的存在で、信頼のおけるリスナーに生き様を見てほしかったのか。リスナーが大切な存在だったのだろう。

配信での中継が連続する

２０１０年11月9日午前8時半頃、仙台市青葉区内のアパートで、男性（24）が首をつった。ユーストリームで自殺予告を行い、午前5時半頃から、首つり自殺をした映像が流された[20]。

私がこの配信を知ったのは、ツイッターのタイムラインにその情報が流れたからだ。アクセスをすると、首つりをした後だった。チャットの中で、自殺をしたのか、それとも演技なのかとやりとりがなされていた。私が見る限りでは、まったく動く様子がなく、本当に自殺を実行しているように見えたため、宮城県警に１１０番通報した。しかし、電話に出た警察官は相手にする様子がなかった。

「同じような通報があったが、県警としてはどうすることもできない」

などと言っていた。宮城県警はこの頃、サイバー犯罪に力を入れていたわけではなく、こうした配信が流れた場合、すぐにＩＰアドレスを特定していない。

予告した男性は自分の部屋でウェブカメラを設置した。その上でユーストリームで生配信をした。「2ちゃんねる」の「大学生板」で、11月4日午前2時頃に〈来週自殺します〉とのスレッドを立てていた。と同時に、〈4日ナンパ〉〈5日ナンパ〉と、ナンパしようともしていた。さらに〈6日友人と最後の電話〉、そして、〈7日自殺〉と書き込んだ。

この頃は、生配信のサービスが多く出てきた。私もユーストリームやニコ生などで配信していた。記者会見などで仕事に使う場合もあれば、特にテーマを設けない雑談配信をすることもあった。そのため、自殺の生配信をすることは衝撃的だった。

男性は、具体的な職場の名前を出し、休職中で上司とうまくいっていないことなども明かしていた。当日、午前2時頃から死のうかどうか迷い続けている。

自殺の理由はナンパの失敗？

理由について、男性は、「結局、仕事でもうまくいかなかったし、ナンパしても女の子にふられ続けるばかりだし。ナンパしていい関係になった女の子にも冷たくあしらわれて」などと話していた。落ち込んでいる様子だった。

男性のものと思われるブログ「ニャンちゅうのナンパ日記見てけさいIN東北、北海道」(21)によると、「10月31日付」では、〈今日も雨だけど中堅H大学へ　来校してすぐチアガール集団キタ――――(゜∀゜)――――!!!　気持ちはいきなりピーク！〉と軟派なブログを書いていた。ブログを読んだり、生配信時の動画を見ていると、双極性障害（躁うつ病）ではないかと思える行動だ。「気分晴れない」という日々が続き「かつ気分が良すぎる、ハイになる」ことを繰り返した。軟派なブログは、躁状態のときに綴ったものではないか。

背景には孤独感や家庭崩壊があった。男性は、ユーストリームでこう話していた。

「（自分は）孤独な男性でしたね。大学時代の友達とはたまにメールしたりして、すごい心癒されることもあるけど、大学とは離れているんで、なかなか会う機会がないし、辛いっすね。心の支えを無くしてしまいましたね。家庭崩壊してしまったし」

中学生も配信して自殺

2013年11月24日午前3時55分頃、滋賀県近江八幡市のマンションに住む中学3年の女子生徒（14）が、マンションから飛び降りた。瞬間を動画配信サービス「ツイキャス」で配信していた。この女子中学生は、「2ちゃんねる」で自殺配信を予告する。この女子中学生が自殺したときの記事には、配信のことは触れられていない[22]。

女子中学生は、1週間前に自殺予告めいた内容を書き始めた。自殺配信した場合は、2ちゃんねるの「ニュース速報+」板に、自分の記事が取り上げられるだろうとも考えていた。配信をして自殺した場合は、〈受験勉強のストレスで死んじゃったのかなあとか思われるのか〉とも想像していた。しかも、彼女は1000人が視聴する配信が楽しかったようだ。受験勉強のプレッシャーがある家庭環境だったことは知られていた。「ネタバラシ」とも書かれており、自殺を装った配信なのか、本気かは不明だった。

この日の書き込みでは、マンションの手すりにiPhoneを置き、そのカメラに自分が落ちていく様子を映す、と実際に亡くなった手段と同じことを書いていた。

他の人の書き込みからは、彼女の告白を本気にしてない様子だった。〈死んじゃダメ、死んじゃダメ、死んじゃダメ〉という書き込みがある一方で、〈早くしなないかな〉〈はよう〉〈もう面倒臭いからお前はよ氏ね〉などと書き込まれた。書いた本人は冗談を冗談で返すネタのように書いているのかもしれないが、結果として、囃《はや》し立てられていく。その後、このスレッドには現れないままだった。女子中学生のことはネットでも大きく話題になり、このことをモチーフにして曲にしたミュージシャンもいた。[23]

2018年7月1日、奈良県大和郡山市の近鉄郡山駅構内で、県立高校1年の女子生徒（16）が特急電車にはねられた。[24] この女子高生のインスタグラムには、市販薬を過量服薬するような投稿がされていた。この配信のときも市販薬を飲み、酩酊状態になっていた。

2020年2月18日、横浜市の相鉄線瀬谷駅構内で、女子高生（17）が飛び込み自殺した。このときもツイキャスで配信をしていた。駅構内の椅子にカバンを置いて、女子高生がホームの内側に近づき、電車がホームに入ってくる直前に飛び込んでいる映像だ。

この女子高生のものと思われるツイッターのアカウントには、虐待をされていたことを匂わせる内容がつぶやかれていた。

〈自殺配信した後のことを考えてニヤニヤしてる伝説になれるかなあ憧れてくれるかな〉（2020年2月10日）

〈自殺配信する理由は、死んだ証を残したいからです。そこらへんのファッションメンヘラと一緒になりたくないからです〉（20年2月17日）

といった投稿もされていた。

彼女は、滋賀県の女子高生の自殺配信を意識していたようだ。

〈今までありがとうございました。の子さんが作る曲にたくさん救われてきました。の子さんは私にとって神様です。本当に感謝してもしきれません〉（20年2月17日）

ともあり、前出の滋賀県の女子中学生をモチーフにした曲を聴いていたのだろう。

この時期は、新型コロナウイルスの感染が拡大しつつある時期でもあったため、〈コロナウイルスにかかって死にたい〉（20年1月28日）とのつぶやきもあった。

自殺予告することで、コミュニケーションができ、つながりが生まれる。過去にあった人間関係を再構築することもある。「つながりの中で死ぬ」こともあるのだ。

註

（1）美智子交合『わたしが死んでもいい理由』太田出版、1999年
（2）相田くひを『インターネット自殺毒本』マイクロデザイン出版局、1999年
（3）鶴見済『完全自殺マニュアル』太田出版、1993年
（4）前掲、美智子交合『わたしが死んでもいい理由』
（5）『読売新聞』2000年10月27日
（6）松田聡「[取材ファイル」ネット心中と情報化社会　死への意識希薄に=福井」『読売新聞』2000年11月11日
（7）「ネット心中の3人、先月中に方法相談　入念に部屋密閉」『朝日新聞』2003年2月12日
（8）「自分語らず死の相談　孤独嫌い道連れ募る　人間のネット心中・埼玉」『朝日新聞』2003年2月13日
（9）ギュスターヴ・ル・ボン『群衆心理』櫻井成夫訳、講談社学術文庫、1993年、60頁
（10）『毎日新聞』2002年12月8日
（11）末木新他「自殺関連行動とネット上の情報との関連についての研究」平成23年度　共同研究報

告書
(12) 総務省『情報通信白書』平成13年版
(13) 同、平成15年版
(14) 第104回国会　衆議院　文教委員会　第5号　昭和61年4月9日
(15) 末木新『自殺学入門　幸せな生と死とは何か』金剛出版、2020年、162頁
(16) 清水康之「政府が取り組むべき自殺対策〜東日本大震災と5月の自殺者増を踏まえて〜」(2011年7月4日に開催された自殺対策タスクフォースで発表した資料)
(17) 渋井哲也『明日、自殺しませんか？　男女七人ネット心中』幻冬舎文庫、2007年
(18) 『朝日新聞』2008年2月18日
(19) 「硫化水素自殺が止まらない　連鎖「第一号」は香川大生」『AERA』朝日新聞出版、2008年5月15日
(20) 「自殺中継　ネットに衝撃　連載『孤族の国男たち』10」『朝日新聞』2011年1月5日
(21) https://megalodon.jp/2010-1110-0046-58/blog.livedoor.jp/jouchi/
(22) 「自殺？：滋賀の中3女子、マンションから飛び降りか」『毎日新聞』大阪版、2013年11月25日
(23) 神聖かまってちゃん「るるちゃんの自殺配信」(作詞・作曲、の子)
(24) 「奈良・近鉄郡山駅で特急にはねられ女子高生死亡　自殺か」『産経ニュース』2018年7月2日

第3章

効果的な自殺対策はあるか

日本の自殺対策が本格化したのは、2006年6月に成立した「自殺対策基本法」以降だ。1998年以降の年間自殺者が3万人台で推移する中で国や地方公共団体の責務として自殺対策に取り組むことが目的とされた。その上で自殺は『個人的な問題』ではなく、「社会的な取組」として実施されるものとした。

当時の社会的傾向として、経済問題を原因とする中高年の自殺者が多く出た。そのため、貸金業規制法の見直しのほか、職場のメンタルヘルスの対策や、過重労働からくる精神疾患による自殺を防ぐための労災認定基準などが策定されたのは、当時の事情を反映していた。これらの対策は、中高年の男性の自殺を防いだり、遺された者への経済的・心理的なサポートがなされていく一因になった。

ＳＮＳ相談のきっかけは座間事件

ただし、子ども・若者や女性に特化・想定した自殺対策は強くなされていたとは言い難い。それを示した事件が、2017年10月に発覚した、座間市男女9人殺害事件だとも言える。インターネットを通して自殺を考えている女性たちが被害者になった。「死にたい」や「自殺したい」、「自殺募集」などとつぶやいた女性たちがターゲットになったのだ。

もちろん、ＳＮＳで自殺願望を叫ぶことで被害者たちは精神的なバランスを保っていた面もあるのだろう。私は、この事件での殺人犯・白石隆浩死刑囚と、被害者になりかけた女性とのＳＮＳでのやりとりを見た。２００３年から連鎖した「ネット心中」のやりとりに似ていた。情緒的な交流もなければ、自殺の相談めいた内容もない。何かキャンプなどの約束をするときのような話が繰り返されていた。それは、座間事件の裁判でも明らかになった部分だ。殺害された女子高生とのやりとりを見てみる。

白石　希望はなんですか？

女子高生　苦しくないほうがいいので、練炭がいいです。

白石　八王子の件があるからなあ。途中で一人苦しくて開けてしまったんです。

女子高生　森か人気のないところがいいですね。候補は何箇所か。

白石　場所はどこが？

白石　いつがいいですか？

女子高生　明後日がいいです。もうひとりに聞いてみます。車持っていませんか。

希死念慮の理由を知らずに会話が始まっていくことがわかる。お互いの心理的・情緒的な背景を知らない。これはこの女子高生とのやりとりだけではない、殺害された他の被害者たちとのやりとりにも同様なことが言える。

ＳＮＳでのコミュニケーションの規制は難しい。憲法の通信の秘密や表現の自由、内心の自由が保障されているからだ。もちろん、正当防衛、正当行為、緊急避難とみなすことができるものであれば、一定の規制ができることになっている。しかし、前出のやりとりでは、事件まで発展するものとは必ずしも断定できない。

インターネット規制～座間事件以前から

座間事件を受けて、厚生労働省は、再発防止策の取り組みを始めた。「死にたい」や「自殺募集」などの書き込みがきっかけで、犯人と被害者が結びついたからだ。

まずは、「ＳＮＳ等における自殺に関する不適切な書き込みへの対策」を見てみよう。

第一に、削除等に関する事業者や利用者の理解の促進を図ることになっている。利用規約等で、自殺を誘う情報の書き込みを禁止したり、書き込んだ場合は削除するという内容に同意を求めるように要請する。そして、利用者への注意喚起を促す。

これは、２００３年以降の「ネット心中」への対策として、電気通信事業者協会、テレコムサービス協会、日本インターネットプロバイダー協会、日本ケーブルテレビ連盟が共同して、２００５年10月、「インターネット上の自殺予告事案への対応に関するガイドライン[1]」として作成したものだ。

日本では憲法第21条第2項で「検閲は、これをしてはならない。通信の秘密は、これを侵してはならない」とある。公権力が通信の内容を調査したり、通信が存在するか自体も調査の対象にできない。また、通信業務従事者は、職務上知り得た通信に関する情報を漏らしてはならないことも書かれている。

しかし、自殺予告があった場合、または、SNSや電子掲示板で発見されたり、やりとりをした場合は、110番通報がされることがある。発信者情報を入手するために、警察は、プロバイダに対して任意で発信者情報の開示を求めることができる。

発信者情報を警察に開示することは通信の秘密にあたるため、原則として許されない。ただ、刑法第37条第1項の「緊急避難」の要件が満たされた場合は違法ではないとされている。開示を迅速に行うために、前出の「ガイドライン」が作成された。

この「ガイドライン」では、①緊急避難の要件を満たす場合は、裁判所が発行する令状の必要がないこと、②緊急避難の要件を満たすかどうかの視点や考え方を示すこと、③具体的な基準や手続き、を整理した。

これらは事業者・関係者による削除等を強化していく取り組みだ。mixiやGree、モバゲータウン（DeNA）などの〝非出会い系サイト〟とされるSNSでのコミュニケーションが拡大したことが前提だった。

自殺願望を吐き出したことで殺人事件へ

ＳＮＳでの出会いについては、当初、児童ポルノや児童買春がクローズアップされていた。一方で、自殺や自傷、薬物に関連したやりとりも増えた。自殺や自傷に関連したやりとりは違法ではないが、事件化したら、対策を取らざるを得ないほどの世論が巻き起こる。

２００７年11月29日、青森県八戸署は、八戸市内のホテル内の火災で、宿泊していた北上郡の県立高校に通う女子高生（16）が頸部圧迫死で死亡した事件に関連して、同じ部屋に泊まっていた岩手県軽米町の無職の男（30）を殺人の疑いで逮捕した。

女子高生は下北郡内の高校1年生で、バスケットボール部のマネージャー。11月から学校を休みがちだった。その理由のひとつに、学校や家庭の悩みを日記で書いていたほか、「自殺」をほのめかす内容を書いていた。11月14日、父親にこう伝えた。

「別の高校の友達のところにでかけてくる」

2人は「モバゲータウン」内のサービスである「ミニメール」によって連絡先を交換したことが推定されている。事件前に数回会っていた。起訴状などによると、失恋から厭世観を持っていた女子高生は交際を求めた。それを知った男は心中しようと持ちかけた。男は「自殺願望を持っていたが、1人では自殺ができなかった」と供述した。

男はこうも話していた。

「ホテルの部屋に入れば、一緒に死んでくれるか確認できると思った。私が『死んでもいいの』と聞いたら、『私も本気だよ』と答えました」

　２００８年７月、青森地裁は「被告が自殺を成就させたいという身勝手な犯行」として、懲役11年（求刑12年）を言い渡した。

「モバゲータウン」では、事件後の12月、ミニメールで個人情報を発信しないよう注意喚起した。そして、18歳未満のミニメールを大幅に制限し監視することにした。同じ時期、ベイジアンフィルタリングも導入した。過去に違反となった書き込み内容を恒常的に学習することで、違反確率の高い書き込みを自動で抽出するシステムだ。

「自殺誘引情報」の削除の取り組み

　ＳＮＳへの自殺関連対策は業界の自主的な取り組みのほか、「インターネット・ホットラインセンター」（ＩＨＣ）が警察庁からの業務委託事業として行っている。ＩＨＣは違法有害情報に関して警察への通報などを請け負っているが、「自殺誘引等情報」とされたものはプロバイダ等に対して削除依頼を出している。

「違法・有害情報」の通報全体は２０１７年の、59万８３４０件をピークに減り続けてきた[2]。この年は座間事件があった年だ。それだけ、この年はＳＮＳ上では、自殺に関する意識が高まっていたのだろうか。

しかし、「自殺誘引情報」を削除したとしても、書き込みをしたユーザー、それに反応をしたユーザーの希死念慮は消えない。削除は表面的な対策として一時的な効果があるのかもしれない。しかし、人によっては、書き込みをしたことで誰かとつながり、命綱になることもある。削除はそうしたユーザーの自尊心を傷つけることにもなりかねない。諸刃の剣《つるぎ》だ。「自殺誘引情報」の削除が、社会的に心配をしているというメッセージにつながるのかどうかの検証はしていない。自殺対策として考えるのであれば、削除だけでなく、アフターフォローが必要になるが、そうした取り組みはなされていない。

SNS相談の強化へ

座間事件以後に厚労省が取り組みを始めたのがSNSなどのICT（情報通信技術）を活用した相談機能の強化だ。事件で被害者になった女性らがツイッターなどで「死にたい」などとつぶやいていたことから、相談の入り口として、SNSを活用しようとするものだ。

SNSで相談が完結する場合もあるだろうが、SNSのほか、電話相談や対面相談につなげ、他の相談機関につなげていくことも想定している。また、死の決意が具体的な場合には、所管の警察署との連携のなかで、発信場所を特定し、保護することもある。

　相談員の心理的負担にも考慮しなければならない。相談者が実際に自殺をする可能性を持ちながら話を聞く行為は相談員の緊張感を伴う。電話相談でもSNS相談でも同じだが、途中で連絡が途絶えたり、相談が終わっても、そのあとのことが心配になる。そのため、相談員のセルフケアだけでなく、周囲からのケアも必要になっていく。

　SNS相談の利点を考えてみる。電話や対面相談と違って、自由にアクセスできる。子ども・若者たちが普段から利用しているLINEやツイッターなどを使ったSNS相談はハードルが低い。誰かに話を聞かれることなく、何かをしながらできる。家族と一緒にいても、友達と一緒でも、通勤・通学途中の電車内でもやりとりができる。

　SNS相談の場合、相談場所に複数の相談員、専門家がいることがあるが、他の相談員にアドバイスをもらうことも可能だ。電話相談よりも、即時的な対応を求められるわけではなく、組織的対応が可能という面もある。

　一方で、SNSでは、相手の表情や動き、視線などはわからない。相談者の反応が見えない。そのため、相談を受ける側は、発した言葉が必ずしも相談者の心を楽にさせているかどうかがわからない。相談者が楽になったと返してきたとしても、別の瞬間にもう一度、相談履歴を見直すことがある。その場合、しっくりこないやりとりを想起させることもある。言葉でしか判断できないために、深読みしてしまうこともある。

ＳＮＳ上の言葉は、タイミングにより、文脈の中で、意味合いが変化することも念頭に入れたほうがいい。また、言葉そのものの意味が、相談者と受ける側とで共有されているという前提は危険なことさえある。

ＳＮＳ相談は誰に届いているのか

ＳＮＳ相談の現状[3]について見てみよう。２０１８年3月の自殺対策強化月間には、13団体が厚生労働省の事業としてＳＮＳ相談を実施した。相談件数は１万１１２９件だった。このうち、相談のべ件数が１０００件を超えた4アカウント（7団体）について見たところ、相談のべ件数は８９５２件。

男女別（性別不詳をのぞく）では男性６９１件、女性６０８９件。男性は10・2％、女性の割合は89・8％で、ほとんどが女性だ。年代別では、ＢＯＮＤプロジェクトが10代と20代に限定しているとはいえ、19歳までは39・2％、20代は42・0％で、20代までが8割以上を占めていた。

相談件数は、２万２７２５件（２０１８年度）から4万５１０６件（19年度）、６万３０２８件（20年度）と増えているが、男女比は女性の割合が圧倒的に多い。各年度とも、

92・6％（18年度）、91・2％（19年度）、88・4％（20年度）といったように、9割前後が女性となっている。女性の相談者にアプローチができているという意味では成果ではあるが、どの年代であっても、実際に自殺が多いのは男性だ。男性になかなかアプローチができていない点では課題が残る。

相談を受ける側になかなかつながらない場合もある。ある女子大生は、そうしたことを考慮して、複数のSNS相談を利用している。人によっては、SNS相談と、いのちの電話やチャイルドラインなどを併用している。すると、どこかにはつながる。ただ、それでも、どこにもつながらないという話も聞く。

別の女子大生はSNS相談を利用しようとしたが、なかなかつながらなかった。その夜、自傷行為をした。SNS相談につながらないことで自傷をする彼女の心情を理解できなくもない。SNS相談を求める心情とは、誰にも否定されず、一定の甘えが許され、叱られることのない空間にいつでもアクセス可能だから、というものなのだろう。

そんな心情での自殺や自傷のリスクを減らすための試みも行われている。「東京メンタルヘルス・スクエア」では、LINE相談やツイッターのDMでの相談を受けている。しかし、すべてに返信ができるわけではない。相談時間内に返信ができなかったとしても、相談の内容で自殺のリスクが高いと判断できるものであれば、後日、返信する。

ただ、ＳＮＳ相談にアクセスをしたユーザーが、自殺をしない、あるいはアクセスする以前に比べて援助希求が高まったのかどうかは、未知数だ。検証は行われていない。

自殺死亡率も減少に転じたとは言い難い。警察庁の「自殺の状況」によると、年代別の自殺死亡率は、「10～19歳」（10代）は上昇傾向だ。また、「20～29歳」（20代）は２０１７年以降は減少傾向だが、20年はやや上昇。さらに「30～39歳」（30代）は、20代と同様の傾向を示した。

取材した中で、ＳＮＳ相談にアクセスしていた女子高生が、後日、自殺したことがあった。彼女の心境の変化は想像するしかないが、アクセスをしている最中は安定するが、つながっていない時間帯はやはり不安が増すのかもしれない。自殺対策として考えた場合、つながっていない時間帯こそ、リスクを考えなければならない。

児童生徒の自殺予防教育

小中高生の自殺者数が過去最多になった２０２０年、特に女子中高生の自殺が増えた。21年6月、文科省は初等中等教育局児童生徒課長名で、「『児童生徒の自殺予防に関する調査研究協力者会議』審議のまとめについて（通知）[4]」を出した。

それによると、「ＳＯＳの出し方に関する教育を含めた自殺予防教育の推進」として、

「早期の問題認識（心の危機への気づき）と援助希求的態度の促進」と示されている。つまりは、何かしらの心の危機があった場合、そのことに早く気づき、ＳＯＳを出せるようにしておかねばならないとされている。

小中学生の自殺の原因・動機には、「進路に関する悩み」、「学業不振」、「親子関係の不和」もありつつ、いじめ、友人関係（いじめを除く）、教師との関係などがある。本気で減らすには、それぞれの悩みに応じた解決策を提示していかなければならない。

これまでにも「子供に伝えたい自殺予防（学校における自殺予防教育導入の手引）」がある。２００６年の自殺対策基本法の成立を受けて、文科省は、同年8月、「児童生徒の自殺予防に向けた取り組みに関する検討会」を設置。07年3月、「子どもの自殺予防のための取組に向けて」（第1次報告）を取りまとめた。

それをもとに「教師が知っておきたい子どもの自殺予防」の冊子とリーフレット、10年3月の「子どもの自殺が起きたときの緊急対応の手引き」がまとめられた。その後、「検討会」は「協力者会議」と改名した。自殺予防教育をするにあたっては、保護者や地域の関係機関との合意形成が必要だともしている。

児童生徒が自殺に至る手前で、ストレス要因を取り除くことが必要になるが、例えば、いじめについては、加害者が児童生徒であるため、学校は指導側だ。虐待に関しては、児童相談所等と連携して、ともに解決をする機関ともなる。学業や進路の問題の場合、児童生徒個人をどう支援していくかという視点が必要になるだろう。これらの視点がまとめられたという意味では、自殺対策基本法には価値があった。基本法は文科省が自殺予防に取り組むきっかけになった。

最も社会問題になりやすいものは「いじめ」による自殺だった。2013年に、「いじめ防止対策推進法」が成立した。きっかけは、11年10月の滋賀県大津市中2男子いじめ自殺が起きたこと。学校の対応、調査のあり方が問題になった事件だ。

もちろん、法律には不十分な点があり、いじめの調査のあり方については今でも疑義がある。そもそも学校がいじめを認定しない、あるいは、認定したとしても自殺との因果関係を認めず、重大事態としないために調査委員会を設置しない、という運用面の課題もある。

2018年11月から、超党派の国会議員による勉強会（当時の座長、馳浩元文科大臣）が発足した。いじめ被害者家族、いじめ自殺遺族、いじめ問題に取り組む関係団体などからヒアリングを行ってきたが、現場から反発を受けたとして、馳座長の私案が出された。内容的にはこれまでの議論をふまえたものではなく、後退した。改正案は暗礁に乗り上げた。

ただし、それでも、いじめが起きれば自殺に至ることもあるという考えは徐々に浸透し

つつある。大津市いじめ自殺の大阪高裁判決では、

いじめが希死念慮の誘発要因となり、自殺の危険因子として働くこと、いじめによってその被害生徒が自殺に至ることがあることは、本件各いじめ行為が行われた平成23年当時、すでに学術的にも一般的知見として確立していたものと考えられる。[5]

としている。つまり、「いじめによって被害生徒が自殺に至ること」が一般的に認知されている考えだと指摘した。この判断はいじめ自殺裁判では画期的だ。

生徒指導による自殺への対策は不十分

しかし、学校の問題であまり取り上げられない視点がある。「子供に伝えたい自殺予防（学校における自殺予防教育導入の手引）」と同じく、２０１４年7月に出された「子供の自殺等の実態分析」には、教員の指導の問題性が次のように指摘されている。

数は少ないが、教員が生徒指導や学習指導等において、子供の立場に立った適切な指導を行うことができなかったために、学校での居場所をなくしたと感じた事例もみ

られる[6]。

教員の指導が不適切だった場合、学校で居場所をなくすことを指摘したのだ。文科省は2010年に「生徒指導提要」を作成している。しかし、不適切な指導について直接言及した部分はない。

提要には、生徒指導について「児童生徒の積極的な活動が展開されていくためには、深い児童生徒理解と相互の信頼関係を前提とした生徒指導の充実が不可欠です。そして、生徒指導のねらいである自己指導能力や自己実現のための態度や能力の育成は、特別活動の目標と重なる部分がありります[7]」とある。しかし、不適切な指導をすれば、児童生徒にどのように影響を与えるかは指摘されていない。

不適切な指導、理不尽な指導によって児童生徒が自殺することを「指導死」と名づけた遺族がいる。コピーライターの大貫隆志氏だ。他の遺族と「生徒指導による自殺『指導死』を考える会（のちの「『指導死』親の会」）」を結成し、文科省への申し入れや啓発活動を行ってきた。2013年11月18日にも、文科省に、行き過ぎた指導への注意喚起や検証可能な指導記録の整備などを要望した。

その後、2021年から「提要」の改訂に関する「生徒指導提要の改訂に関する協力者会議」で議論がされた。途中経過で出されたサンプル原稿[8]では「不適切な行為」との文言は入ったが、「不適切な行為」はどんなリスクを伴うのか、についての言及はない。

そのため、不適切な指導を起因とする自殺（指導死）の遺族たちが「安全な生徒指導を考える会」として、「提要」改訂に関しての、次の4点を要望した。

1）問題行動の疑いがある場合でも適切な指導を受ける権利があること
2）生徒指導を行う際に児童生徒に弁明と意見表明の機会を与えることの重要性
3）提要に書いてある指導の手順や配慮が実行されることの重要性
4）不適切指導が児童生徒に対し心理的な影響を与え、不登校や自殺につながることもあること

遺族のひとりは「提要に書かれていることが実践されていれば、子どもは自殺することはなかったと思います」と話していた。この要望が反映され、「不適切指導」が精神的ストレスや不登校、自殺を招くことがある、との文言が入った。

コロナ禍での女性の自殺増加

女性の自殺者はこれまで年間で1万人を超えたことはない。最多だったのは、バブル経済崩壊後の1998年の9850人。ついで、東日本大震災の2011年で9696人。リーマンショック後の2007年の9615人。男女10万人あたりの自殺者数を示す自殺死亡率は15・3（1998年）、ついで、14・8（1999年、2011年）、14・7（2007年）（以上、警察庁「自殺統計」）。男性同様に、経済変動があった時期に増加している。しかし、男性ほどの急増はない。

また、2020〜21年に行われた調査(9)では、男性は失業率との相関はあったものの、女性は失業率との相関は希薄だった。しかし、コロナ禍では失業との関連が指摘された。

その調査では、日本では、男性は特に失業率と自殺率の相関があることを前提に、失業率の増加で説明できる自殺者数を設定した。コロナ危機前に予測されていた自殺者数のトレンドから見て、説明可能かどうかを見てみた。

それによると、コロナ危機前から判断して、自殺者数は男女とも増加した。2020年7月20日現在で、男性は998人。女性は2237人。合計で3236人増加した。「失業率増加で説明できる部分」としては、男性は1255人だが、女性はマイナス25人。つまり減少している。一方、「失業率増加で説明できない部分」としては2006人増加した。男性はマイナス２５７人で減少しているが、女性は２２１５人増加している。つまりは、失業率という経済指標だけで女性の自殺者数増加は判断できない。そのため、単純な経済対策だけでは、自殺防止に連動しない。

では、他の指標となるものはあるのか。各都道府県に設置された配偶者暴力相談支援センターの集計と、内閣府の「ＤＶ相談＋」（２０２０年４月から開始）に寄せられた、ドメスティック・バイオレンス（ＤＶ）の相談件数[10]はどうか。２０１９年と20年の相談件数の差は１・５倍。11万９２７６件から18万２１８８件に増加している。

なぜ増えたのか明確な理由はわからないが、新型コロナウイルスの感染拡大防止のために行われた「ステイホーム」や「テレワーク」によって、家族関係、夫婦関係がそれまで以上に密になった。そのためもともとＤＶ被害にあっていた層だけでなく、危機感や不安感を募らせた女性が多かったことが想像できる。

となると、相談窓口やシェルターの充実は欠かせない。さらには、ＤＶから別居、離婚へと進行する場合、各段階に応じた法律相談も必要になる。ＤＶ防止法に基づく接近禁止命令や退去命令を速やかに出すことが期待される。

２０１１年11月８日に開催された「第４回自殺総合対策の推進に関する有識者会議」で配布された資料[11]によると、20年とそれまでの５年間の平均を比べると、男性は１０５３人減ったが、女性は347人増えた。年齢階層で見ると、「20〜39歳」は78人増加、「40〜59歳」は134人増加、「20歳未満」は120人の増加だった。

職業別では有職者の女性が375人増えている。なかでも、事務員や飲食店店員、販売店員、その他のサービス職など、コロナ禍で影響が直撃する職種に多かった。さらに言えば、「同居人あり」が209人増加した。男性の「同居人あり」が953人減少と比べると雲泥の差だ。過密なコミュニケーションが影響したのは男性よりも女性だったことがわかる。

一般に、女性は、男性と比較して、おしゃべりによってストレスを解消するとも言われている。そのようなおしゃべりのできる空間（喫茶店やレストランなど）を利用できる機会が減ったことも影響したのではないか。日常的に気軽に居場所にできるフリースペース的な空間（オンラインかオフラインかを問わず）も求められている。

年代によって、地域によって違う傾向

女性の自殺者の2020年の月別の推移(12)を見てみる。「10代」の最多は8月で43人。新型コロナ感染拡大対策で3月から休校措置となり、再開したのは8月だった。通常、ゴールデンウィークや夏休みなどの長期休暇から学校が再開するタイミングで自殺者が多くなる。この年は夏休み明けが早まった。その影響があったと思われる。

そのほかの年代で最多は10月。9月30日をもって、政府が出していた緊急事態宣言が終了した時期と一致する。つまりは経済活動が再開するタイミングだ。それがその年の自殺者数の全体を押し上げた形だ。
7、8月も多くなっている。この時期の特異な点は、有名俳優の自殺が相次いだタイミングだ。「有識者会議」で配布された資料[13]によると、過去5年の平均から予測した2020年の予測値と実際の自殺者数の比較をすると、自殺及び自殺報道があってからプラスに転じている日が多い。また、自殺報道の2週間前と2週間後を比較すると、男女ともに自殺者数が増加したが、より女性の自殺者数が増加していることが指摘された。
ちなみに、過去10年の8月の自殺者数を都道府県で比較すると、「20歳未満」では、大阪が最も多く7人。他の年は1人か0人だった。愛知県でも0〜2人が4人に増えた。ただし、東京は前年と同じ3人だ。「20代」を含めた「30代未満」で見てみると、大阪は過去最多で11人。福島県も過去最多で3人。一方、東京は過去10年で最少の6人。年齢だけでなく、都道府県で見てみると、地域差があることがわかる。

自殺死亡率が低い地域はどこか。都道府県の県庁所在地別で見てみると、2020年は男女総数では福井県福井市（自殺者数30人、自殺死亡率11・40）が最小。ついで山形県山形市（同20人、同11・43）になっている。この2つの都市に共通するのは、女性の就業率が高いことだ。しかし、同じく女性の就業率が高いにもかかわらず、富山県富山市は県庁所在地別では自殺死亡率が最多だ（同80人、同20・44）、女性の就業率が高いことと相関がありそうで、すべてが相関しているわけではない。

より細かい地域（区）を考慮すると、総数の自殺率最多は大阪市西成区（同38人、同35・85）。全国平均（16・44）の倍だ。この地域は、飲食店が多く、また、路上生活者も多い。経済の波に最も左右される地域とも言える。特に男性の自殺が目立つ（同32人、同52・01）。自殺死亡率は全国平均（22・43）の倍以上で、唯一、西成区だけで群を抜いている。同じ大阪市内でも区によってばらつきがある。一方、同地区では女性の自殺（同6人、13・50）は平均（10・74）よりやや高いが、男性ほどの上位ではない。

最も自殺死亡率が低いのは、横浜市都筑区（同17人、同7・99）。唯一の、全国平均（16・44）の半数以下だ。港北ニュータウンがある活気ある地域でもある。横浜市のホームページの「港北ニュータウン　現況とまちづくりの方針」によると、「乱開発の防止」「都市農業の確立」「住民参加のまちづくり」「多機能複合的なまちづくり」を基本理念にしていて、住宅地と商業地域、公園などをバランスよく配置している。

自殺対策は地域づくりでもあるように思われる。まちづくりの方針と自殺死亡率の相関があるのか。経済状況などに左右されない要因があるのかも含め、注視したい。

自殺報道はどこまで影響するのか

報道の影響を考えた場合、その報道に接する機会が多ければ多くなるほど、報道の影響が反映するとも考えられる。しかし、昨今は新聞や雑誌だけでなく、テレビやインターネットでの報道も多く、これだけの情報差に加え地域差があるとなると、自殺や自殺報道だけでなく、地域によって追い込まれている状況が違っていたとも言えるのではないか。

もちろん、個別のケースで、有名人の自殺及び自殺報道が、「生きづらさ」や「希死念慮」、「自殺願望」にどのくらい影響を与えたのかははっきりとはわからない。しかし、自殺者数の増加だけでなく、相談窓口に電話してくる人の数が増加したこともわかっている。「北海道いのちの電話」から提供されたデータを見てみると、2020年の三浦春馬の自殺（7月18日）後に、女性の「自殺傾向」の相談が増えた。

男性の「自殺傾向」の相談が増えたのは、同じ月に、筋萎縮性側索硬化症（ALS）の女性患者がツイッターで自身の殺害を依頼し、医師2人が逮捕されたALS嘱託殺人事件が発覚（7月23日）した後だ。安楽死をめぐるやりとりを重ねていたことがわかり、「自殺傾向」の相談者の、死にたいけれど、死ねない気持ちに共感したのかもしれない。このときは女性の「自殺傾向」の相談は多くない。

　では、２０２1年の月別の推移(14)を見てみる。最も自殺者が多かった「40代」で見てみると、年明けの1月が最多で１１６人、年度末の3月が１１１人。最小は9月で76人、ついで5月の78人、7月の79人になっている。「50代」は6月が最多で１０６人。ついで2月が１００人。最小は9月が80人。8月が87人。

「20代」は最多が年度末の3月で92人。ついで8月が87人。最小は7月の62人。ついで2月の75人などになっている。「30代」では最多は年度末の3月で71人。6月と7月が68人。最小は2月が48人、9月が54人などになっている。これらを見るだけでも、年代で最大化、または最小化する月が違っている。女性の自殺がいつ増えるのか?という観点で見たときには、年代で一律ではない。

　コロナ禍で特異な事態を考えるならば、子育てサークルやさまざまな自助グループ、自死遺族の会合が対面での開催ができなくなっていた。会合など対面ではなくなったことは、ストレスを溜め込む要因になっていたのではないか。となると、新型コロナの感染状況が落ち着いて、対面開催などが再開していけば、状況が改善することが見込まれる。ただし、単純な相関があるのかどうかは慎重に見極める必要がある。

自殺は男性、未遂は女性が多い

自殺未遂は自殺のリスクの一つだ。自殺者数が多いのは男性だが、自殺未遂者は女性が多い。自殺予告をした女子大生の話を紹介したい。

２０２０年5月末、首都圏の大学生、吉田美葉（仮名、20）はツイッターで自殺予告をした。新型コロナウイルスの感染拡大防止のため、政府は4月7日から5月6日まで非常事態宣言を発令した。東京都、埼玉県、千葉県、神奈川県、大阪府、兵庫県、福岡県は5月31日まで延長された。そんななかでの投稿だった。

「積極的に死にたいというのではなく、死ねたらいいな、と思ったんです。そのためには、過量服薬（ＯＤ）が一番やりやすい。今回は、市販薬でやってみようと思いました。過去にも市販薬84錠飲んだことはありましたが、病院に運ばれるほどではなく、24時間後には普通に歩けました。だから、死ねないのでは？と思ったりもしました」

過去の処方薬のＯＤについてはスマートフォンのメモ機能で一部、記録していた。２０１７年は何度も書いているが、18年の記録はない。メモをする気力がなかった。19年は主治医が変わり、ＯＤを含めて、診察日までに何があったのかをメモしていたという。

「記録のない18年のほうが病んでいました。メモをするようになったのは、診察のためです。でも、病気が治りたい意識があるのか？と言われれば、まだないかな。病気であれば、助けてくれる人がいます。治ると、みんな、一気にいなくなってしまう」

そもそも、美葉が明確に「死にたい」と考えたのは高校1年生の頃。ただ、中学時代からコンパスで手をえぐる自傷行為はしていた。社会科のプリントには「家に帰りたくない」と書いたこともある。時々、兄に対して、憎しみが湧き、「死ねよ」「殺したい」と思うこともあった。実は、兄からは性的虐待を受けていた。

「いつか何かをやらかしそうで怖い。死ぬのも怖い」

美葉が兄から性的虐待を受けたのは、小2から中2までの6年間だ。

「最初に体を触られたのはお風呂に入っていたときでした。小4のときには、兄とセックスしました。最初は何をしているのかわからなかったんですが、いつも、性的虐待の最後に兄は『誰にも言うな』と言うので、従っていました」

中1のとき、兄からの性的虐待を母親に知られたという。

「エアコンをつけながら、妹と並んで部屋で寝てました。そこに『涼しいじゃん』と言って、兄が間に入ってきました。妹には『早く寝なさい』と言っていたんです。寝ようとしていたとき、母親が洗濯物を置きに部屋に入ってきたんです。私が脱がされている状態だったので不審に思ったのか、『何をしてるの！』と言われました。兄と性的な関係について聞かれ、とっさに『小5から』と嘘を言いました。あとで知ることになりますが、妹も触れられたことがあったようです」

兄は反省したのか、しばらくはやめていた。しかし、中2の夏から性的虐待が再発する。そして2月、担任に話をしたことで、美葉は児相に保護される。

「児相に対して兄をかばう気持ちがありました。兄は、部活のストレスの発散をしていたからです。顧問から理不尽な指導を受けていたようです。『兄も大変なんだから仕方がない、私が我慢していればいい』と思いました」

美葉にとって児相の一時保護所は居場所になった。

「家族に縛られずに生活できるのが嬉しかった。職員と、一緒にいた子どもたちはいい人すぎました。家族より居心地がいい。保護所の子たちは辛いことがあってここにいるってことは同じなので、心でつながっている気がしたんです」

自殺予告日になって、美葉は過量服薬を実行しようと、ツイッターでつぶやいた。しかしフォロワーに止められて、一時、実行するのをやめた。ただ、結局ODをして、入院をした。ストレスがたまる家にずっといるのも耐えられない。方法は危険を伴ったが、希望通り、家を離れることができた。

若年層ほど未遂が多い

「自殺対策白書」[15]によると、自殺者の自殺未遂歴の有無について、すべての年齢階級で、「ある」の割合は、男性よりも女性が多い。男性は14・3%、女性は30・8%。つまり、女性が男性の倍だ。

男性で最も多いのは「30代」で17・4%。ついで「20代」が16・6%、「40代」は15・6%。「19歳以下」は15・5%などとなっている。一方、女性は「20代」で43・4%、ついで「30代」は42・4%、「19歳以下」は36・7%、「40代」が36・2%など。自殺者の若年層ほど、かつ女性ほど、自殺未遂歴がある。若年層ほど、男性よりも女性ほど、自殺未遂の後のケアやサポートが大切になってくる。

自殺未遂に関する全国調査はなかなかない。日本財団が「第4回自殺意識全国調査報告書」を8月公表したが、その中で、自殺未遂経験を聞いた[16]。

それによると、自殺未遂経験者は6・2%。1年以内に経験した人に限ると、2・1%となっている。原因で最多は「家庭問題」、ついで「健康問題」、「経済社会問題」、「勤務問題」、「学校問題」、「男女問題」など。「一年以内」に限ると、「健康問題」、「家庭問題」、「経済社会問題」、「勤務問題」、「男女問題」、「学校問題」とやや変動があった。

1年以内の「自殺念慮」を年齢別に見てみると、若年層ほど、「あり」が多い。「15～19

歳」の女性は21・3％。特に「18歳」女性は高く、28・2％。次いで、「17歳」女性も27・8％になる。男性は「15〜19歳」では10・8％。特に高いのは「16歳」の18・4％。つまり、女子高生2年、3年は若年層の中でリスクが高い。

1年以内の「自殺未遂」では、「15〜19歳」の女性が6・1％と多く、なかでも16歳女性は10・6％と他の年代と比較しても突出している。男性では、20代が6・4％と最多だが、「15〜19歳」も3・9％と30代以上よりも多い。「18歳」は6・9％と目立つ。

日本財団の調査はインターネットによるものだが、街頭調査もある。大阪での繁華街（アメリカ村）での街頭調査[17]では性体験のある15〜24歳の2095人（男性1035人、女性1060人）が対象で、自殺未遂率は全体の9％（男性6％、女性11％）となっていた。時期や調査対象、場所が特定されているということで単純比較はできないが、大阪での調査のほうが未遂経験率は高い。

自殺未遂の段階でケアやサポートをするのには、自殺に至ることを防ぐ狙いがある。しかし、自治体として取り組んでいる率は多くはない。都道府県を含めて1788自治体のうち、18分の1程度でしかない[18]。

註

（1）「インターネット上の自殺予告事案への対応に関するガイドライン」（一般社団法人テレコムサービス協会のホームページ内に掲載）https://www.telesa.or.jp/consortium/suicide

（2）「インターネット・ホットラインセンター」のホームページ内の「統計情報」https://www.internethotline.jp/pages/statistics/index

（3）ＳＮＳ相談事業　厚生労働省　https://www.mhlw.go.jp/stf/seisakunitsuite/bunya/hukushi_kaigo/seikatsuhogo/jisatsu/snssoudan.html

（4）文部科学省初等中等教育局児童生徒課長・江口有隣「『児童生徒の自殺予防に関する調査研究協力者会議』審議のまとめについて（通知）」https://www.mext.go.jp/content/20210629-mxt_jidou02-000014544_003.pdf

（5）大阪高裁２０２０年２月27日判決　文献番号２５５７０８４３　ＬＥＸ／ＤＢインターネット

（6）「子供の自殺等の実態分析」４頁　https://www.mext.go.jp/component/b_menu/shingi/toushin/__icsFiles/afieldfile/2014/09/10/1351886_05.pdf

（7）「生徒指導提要」８頁　https://www.mext.go.jp/a_menu/shotou/seitoshidou/__icsFiles/afieldfile/2018/04/27/1404008_02.pdf

（8）「生徒指導提要」第１部第１章「生徒指導の基礎」サンプル原稿（第３回会議資料）https://www.mext.go.jp/content/20211014-mxt_jidou02-000018364_007.pdf

（9）Quentin Batista（シカゴ大学）・藤井大輔（東京大学）・仲田泰祐（東京大学）の共同研究

https://Covid19OutputJapan.github.io/JP/

(10) ＤＶの相談件数の推移　内閣府男女共同参画局調べ。全国の配偶者暴力相談支援センターの相談件数は２０２１年３月31日時点の暫定値。　https://www.gender.go.jp/policy/no_violence/pdf/soudan_kensu.pdf

(11) 厚生労働大臣指定法人・一般社団法人いのち支える自殺対策推進センター「コロナ禍における自殺の動向」「女性の自殺（職の有無・同居人の有無等）」２０２１年11月８日　https://www.mhlw.go.jp/content/12201000/000851986.pdf

(12) 厚生労働省「自殺の統計：地域における自殺の基礎資料（令和３年）」　https://www.mhlw.go.jp/stf/seisakunitsuite/bunya/0000197204_00007.html

(13) 厚生労働大臣指定法人・一般社団法人いのち支える自殺対策推進センター「コロナ禍における自殺の動向」「著名人の自殺及び自殺報道の影響」２０２１年11月８日　https://www.mhlw.go.jp/content/12201000/000851986.pdf

(14) 前掲、厚生労働省「自殺の統計：地域における自殺の基礎資料（令和３年）」

(15) 自殺未遂の状況「自殺対策白書」厚生労働省　31頁　https://www.mhlw.go.jp/content/1-1-08.pdf

(16) 日本財団子どもの生きていく力　サポートプロジェクト（旧いのち支える自殺対策プロジェクト）『日本財団第４回自殺意識調査』報告書　日本財団　対象は全都道府県の15～79歳の男女と、一都三県の13～14歳の男女２万人。調査方法はインターネット調査。調査期間は２０２１

年4月9～13日。　https://www.nippon-foundation.or.jp/app/uploads/2021/08/new_pr_20210831_05.pdf

（17）日高庸晴（宝塚大学看護学部教授）他「わが国における都会の若者の自殺未遂経験割合とその関連要因に関する研究～大阪の繁華街での街頭調査の結果から～」　https://www.health-issue.jp/suicide/index.html

（18）第1回　地域における自殺未遂者支援事業研修配布資料　厚生労働大臣指定法人いのち支える自殺対策推進センター　代表理事清水康之「自殺未遂者支援の枠組みと今後の展望　～『生きることの包括的な支援』の実践拠点へ」　2021年8月23日　https://jscp.or.jp/assets/img/e56a102ded646014c785fac5114ae9be8e04c2a9.pdf

第4章

子ども・若者の自殺

虐待を受けた上、夢を否定された少女

２００２年の秋、首都圏在住の女子中学生アオイ（仮名、享年14）は自殺した。自宅の最寄駅周辺のマンションから飛び降りた。落ちたのはアスファルトの上だった。

近所の人の話によると、葬儀のときは、同じ制服を着た中学生１００人以上が参列をしていた、という。学校でどのように伝えられたのかは不明だが、周囲からは親しまれていたのだろうと想像した。

その年の夏、私はアオイに取材を申し込み、話を聞いていた。私自身が開設するホームページを通じて、援助交際に関する掲示板に彼女が投稿をしてきたからだった。

当時、私は、援助交際をするときの心情を書き込む掲示板を運営していた。アオイは実際に援助交際をしたことはない。取材として会うことには躊躇していたが、「友達としてなら会ってもいいですよ」との返事があった。

援助交際の取材をしていると、背景に、いじめや虐待、性の被害経験の存在を耳にする。自傷行為がある場合もあるし、承認されたい欲求、誰かとつながっていたい気持ちなどの心理的背景があったりもする。アオイも自暴自棄になっていたため、瞬間的に援助交際してみたいと思ったという。

彼女が主催するオフ会への参加を促された。何度か会合に出向くと、いつも10人ほどが集まっていた。男性は数人。年代は10代から30代。アオイがネットで知り合った人たちで、ほとんどがアオイのサイトの常連だ。

共通するのは自身を含め虐待サバイバーであること。半数が性的虐待の被害体験がある。オフ会はカラオケがメインで、好きな曲ばかりを歌っていた。アオイは、沖縄出身の歌手で、自傷行為をテーマにした曲もある、Ｃｏｃｃｏの楽曲を歌っていた。

性的虐待の加害者は兄。しかし、唯一の居場所

あるとき、アオイから「取材をしてほしい」と電話で言ってきた。私は、「生きづらさを整理できたのだろう」と思ったのと同時に、「死を覚悟し、最後の遺書がわりに取材を受けるのか？」とも思った。心がザワザワし、取材の日を待つことにした。

当日、アオイから電話が入った。「やっぱり取材はやめたいと思う」と言ってきた。が、数日後、「今から時間がありますか？」と急に連絡があり、放課後、学校の最寄駅であるＪＲ池袋駅西口で待ち合わせ、近くの喫茶店で話を聞くことになった。

アオイは両親と兄の家族4人、一戸建ての家に暮らす。都心からは電車で30分ほどの距離だ。小学校までは公立で、中学校から都内の私立へ通っている。

アオイは自らの生い立ちを話し始めた。父親からは暴力を受け続けていた。父親の気まぐれで殴られていたようだ。母親はそれを知っているが、見ないふり。ただ勉強をするように言うだけ。いわゆる教育ママだ。

小6で自傷行為し始めた。気がついたら、カッターで手首を切っていた。そのため、自宅から近い精神科クリニックに通い始める。そんなアオイの居場所は兄だった。しかし、兄からは性的虐待を受けた。

「お父さんに殴られた後、私が自分の部屋に行き、寝ていました。すると、兄がベッドに入って、体を触ってきたのが最初です。でも、お父さんと違って、『やめて!』と言えば、やめてくれたんです。私にとっては唯一、兄が安心できる人なんですよ」

拒否をすれば虐待をしない兄しか気を許す人が身近にいない。皮肉な関係だ。

運営するネット掲示板で自殺予告

夢があった。歌手になることだった。歌っているときだけは、現実を忘れることができたのだ。変身願望もあり、よく、当時流行したロリータパンクの服装で、原宿を歩くことがあったという。

それができないときは、自傷行為をするが、自殺を目的としたわけではない。むしろ、精神を落ち着かせるための行為で、これは「非自殺性自傷」と呼ばれる。DSM－Vで「研究用診断分類案」のセクションに入る[1]。

「非自殺性自傷」について、シェリル・A・キングらは「外部の状況や内的状況を変えようとして自ら意図して行ったものの、死の意図は伴わず、外傷をもたらす危険の高い行為[2]」と説明している。アオイの行為も当てはまる。

取材から2週間後、アオイは自分のホームページにリンクしている掲示板で自殺予告した。電子掲示板は、常連のユーザーとの交流の場であり、日記の場ともいえる。

以前も、似たようなことを書いたことがある。そのときはリストカットしたと言っていた。今回も似たようなことだろうと思ったが、なぜか、気になった。しかも、アオイが住む地域で、同年代の女子中学生がマンションから飛び降り自殺をしたという新聞記事を見つけた。その後、兄を名乗る人物が、アオイのアカウントを使って、自殺までの経緯を書き込んでいた。

それによると、アオイは原宿で歩いていたら、タレント事務所に声をかけられた。歌手志望を告げると、スカウトされたという。アオイはスカウトを自宅に呼び、疑念を持っていた両親に会わせた。それでも母親は反対した。夢が否定された形だ。アオイにとっては日常的には、ロリータパンクの服装をすること、将来的には歌手になることが、〝本当の自分〟を見つけ出す作業でもあった。

その日の夜、掲示板で自殺予告をし、いなくなった。兄はアオイを探した。兄は以前、アオイが飛び降りようとした場所に行ってみたが、見つけられなかった。自宅の庭で首をつったこともあるので、その場所もチェックしたが、見つけられなかった。

私自身、アオイの自殺を止められたのかを考えることがある。一般論として、「話を聞いていれば」「悩みを気づいてあげれば」という話も耳にする。しかし、アオイはネット上の友人に話を聞いてもらっていたし、精神科クリニックにも通っていた。相談できる環境はゼロではない。

友人は多かったが、家庭内の出来事による衝動的行動まではなかなかチェックできない。アオイの家庭には児相の介入はなかった。通報していればどうだったのか。介入によって、家族関係が悪化するのではないか、などとの思いが駆けめぐった。

子どもの自殺

日本での子どもの自殺は何度かピークがある。警察庁の統計[3]によると、2020年は777人(~19歳)で、年齢別の自殺者数の推移の統計を取り始めた1978年以降、3番目に多い。最多は79年の919人。86年の802人、次いで2021年は749人、さらに1998年の720人。年間で700人を超えたのはこの5回。

1979年は国連の「国際児童年」で、子どもの自殺が多すぎると非難されるきっかけになった。この年、総理府（当時）の青少年対策本部は、「青少年の自殺防止策の要点」を発表した。また、「青少年の自殺問題に関する懇話会」も発足させ、「子供の自殺防止対策について（提言）」を取りまとめた。国としての自殺対策の始まりでもある。

1986年は2月1日深夜、東京・中野富士見中学校の2年生の男子生徒が、父親の出身地の岩手県盛岡市のJR盛岡駅ビルのショッピングセンター内の公衆トイレで首をつった状態で巡回中の警備員に発見された。背景にはいじめがあった。

この年は、アイドル岡田有希子が4月8日、自宅マンションでリストカットをし、ガス自殺を試みた。岡田は都内の病院で治療を受けていたが、所属していた会社へ戻り、屋上から飛び降り自殺した。いじめ自殺とアイドルの自殺は模倣自殺を呼んだ。

1998年は、バブル経済崩壊後の失業率の増加の影響で、全世代にわたり、自殺者が増加した。私が、自殺に関する取材を始めた時期だ。家出や援助交際をテーマに取材していると、自殺願望を抱く中高生が多かったためだ。

2020年は、新型コロナウイルスの世界的なパンデミックによる閉塞感、学校休校措置、相次いだ有名人の自殺（7月18日三浦春馬、9月14日芦名星、9月27日竹内結子）など、子どもたちに与える影響がいくつも重なった。21年も、コロナ禍の影響を引きずった。

20年の自殺者は、統計を取り始めた１９７８年以降で、小中高生を合わせた数は過去最多の４９９人。対象となる期間が違っているが、文部科学省の「問題行動等調査[4]」では20年度は４１５人で過去最多となった。

子どもの自殺は時代に振り回される。しかも、ここ数年、中高生が致死性の高い自殺の方法を取っている。「高層ビル（からの飛び降り）」での自殺が中学生の場合、２０１９年は年間21人、20年は年間で22人、21年は21人、高校生の場合、19年が年間で11人、20年は38人、21年は19人となっている。大学生の場合は、19年で19人、20年は26人、21年は27人。「鉄道線路」（駅構内を除く）でも増加の傾向を示している。高校生の場合は19年が18人、20年は22人、21年は24人。大学生の場合は、19年は15人、20年は21人。21年は22人となっている。

いずれも、コロナ禍の影響があったためか、増加傾向にある。ＯＤなどの自傷行為の延長として自殺に至る場合も私の取材では多いが、「高層ビル」や「鉄道線路」などの致死性が高い方法を取るのは、それだけ自殺の意図がはっきりしていると言える。

リタリン・ネットワークに翻弄され、自殺

インターネット上では、違法ではあるが、向精神薬の譲渡や売買がされている。中枢神経刺激薬「リタリン」は一部で〝合法覚醒剤〟と呼ばれ、薬物乱用の温床だった。

２００７年10月16日にリタリンの「うつ」の適応が削除された。適応症はナルコレプシー（日中強い眠気に繰り返し襲われる睡眠障害）のみとなった。適応症削除の際の厚生労働大臣の承認条件及び同日付厚生労働省・課長通知により、ノバルティスファーマ株式会社は、リタリンの流通管理を適正に行うよう指示されることになり、リタリン流通管理基準(5)が設定された。

それまでは重度のうつ病と診断された患者にも処方されていた。しかし、リタリン・ユーザーの中には、複数の病院を渡り歩く「ドクターショッピング」で過剰に入手する人や、他人に違法に譲渡することを繰り返してきた人たちもいる。

そうした人たちは向精神薬等の譲渡を繰り返すクスリ系サイトに入り浸る。その中で、メンバーが次々と自殺してしまった「ＣＧ２０２」というサイトがあった。「ＣＧ２０２」は、リタリンの識別コードを意味する。

サイトにはメンバー紹介のコーナーがあった。電子掲示板もあり、処方されやすい病院の情報やリタリンについての質問、精神疾患の悩みが綴られていた。ユーザーたちは悩みを相談し合う関係でもあり、恋人ができたりもしていた。

「同じような悩みを持つ人たちにも使ってほしい」

サイトをつくったのは、「薬を渡した相手が自殺をしたことで、薬事法違反で逮捕されたことがある」という元自衛隊員のタカシ（仮名、23）。家族の人間関係の悩みから精神を患い、精神科に通っていた。ナルコレプシーと診断され、リタリンを処方された。

タカシはリタリンによって気持ちが楽になったため、「同じような悩みを持つ人たちにもリタリンを使ってほしい」と思った。身近な友人や病院仲間に配っていたが、その中のひとりが自殺をしてしまった。そのときに、違法な譲渡をしたとして逮捕された。

執行猶予で釈放後も、「苦しんでいる人たちにリタリンを普及したい」との考えは変わらず、インターネットを利用しようと考えたという。私は、このタカシに、あるオフ会で出会った。そのオフ会は、私が取材をしていたアカリ（仮名、19）が主催したものだった。この頃、アカリもリタリンにはまっていた。

アカリと出会ったのは、彼女が高校2年生のとき。別の人物を取材しようと、JR上野駅の公園口で待ち合わせをしていると、その人の後ろに隠れるようについてきていた。

そんなアカリが「会わせたい人がいる」と何回か言っていたが、タカシのことだった。

この日もタカシを私に会わせるために、オフ会を設定したようなものだった。

「生きているのも嫌になって、彼氏に言ってもわかってくれない。だけど、おじいちゃんやおばあちゃんに迷惑かけたくない。死ぬことも許されない」

そんな感情から、アカリは何度もＯＤを繰り返した。気分が高揚することで、うつから解放されていた。しかし次第に軽い薬が効かなくなり、徐々に重い薬を飲んでいた。そこで、リタリンに目をつけて、「ＣＧ２０２」の常連になっていく。

ファミリーレストランでアルバイトをしていたが、リタリンの効用が切れると、急にうつが激しくなり、トイレに駆け込んで泣いていたこともあった。

「寂しくなったりして、誰かにメールしたくなったりしました。それに手が震えることもあったんです」

死の前にリタ抜きをしていた

アカリは急にリタリンの断薬を始めた。彼氏と旅行することが決まっており、リタリンに頼ってはいられないと思ったのだ。

２００２年７月のウェブ日記には、

〈今日は処方どおりのお薬を。ボルタレン、パキシル、デパス、ラボナ、ベゲＡ経口投与。

バイトから帰宅する前にレキソタン飲んだけれど。カルシウム剤も。最近楽しいわけは、きっと、リタ抜いてるためだとおもいます〉

と書かれていた、安定しているかのようだった。

しかし、安定期は長くなかった。再び不安定になった。不幸にも「CG202」のメンバーのひとりメイ（仮名、10代）が亡くなったのだ。タカシはメイの「弟」と称する人に対して掲示板で、

〈毎日しっかり掲示板の管理をしていれば、こんな騒ぎにはならなかったでしょう。夜中にアカリさんからの知らせがあり驚きました。彼女も気が動転していたらしく、慌てていました〉

と投稿した。そして、誰が悪いのではなく、みんなが仲間、誰も責めるな、との書き込みも相次いだ。サイトでつながったメンバーだが、リタリンを飲んで、なんとかみんなで生き抜こうとすることが目標だからだ。しかし、目標とは相反するように、他のメンバーも次々と亡くなっていく。

そのなかに、アカリもいた。亡くなる数日前から、強い自殺願望が湧いてきていた。

アカリが大量に貯めていたのは、リタリンのほか、イソミタールとラボナ。イソミタールはバルビツール系睡眠薬で、4・5グラムが致死量。ラボナも同じくバルビツール系の

睡眠薬。アカリはこれらの薬を合わせて飲み、旧友やネットで知り合った友達に最後の携帯メールを送ったのだ。

〈ありがとうございました〉

薬物にハマる背景

アカリが自殺をした背景には、家庭環境や恋愛事情が絡んでいる。両親は、アカリが中学生の頃に離婚した。母親との関係はよかったのだが、経済的な理由もあって、父親と妹と3人で暮らす。妹は小学生で、アカリは〝母親の役割〟を演じることになる。

アカリの癒しは恋人だった。高校生の頃に、やはり、両親が離婚していた同級生ハル（仮名）との出会いだった。ハルは言語化が上手ではないが、二人で一緒にいるときは、言葉が必要ではなく、いるだけで癒された。ただ、誤解も多く、気持ちが伝わらないこともよくあり、喧嘩しては別れ、よりを戻すことを繰り返した。

ハルは、アカリの気持ちに寄り添う手段として、自分もハマっていたメンタルヘルス系サイトを紹介した。アカリは自分と似たような体験や気持ちを持っている人がたくさんいることを知った。自身もサイトをつくり、のめり込んだ。

しかし、寂しさは埋められず、高校生の頃から援助交際を繰り返した。ただ、一時的には気分があがっても、寂しさを埋められたわけではない。

マジックマッシュルームとの出会い、人間関係への依存

ある日、歌舞伎町で声をかけられ、マジックマッシュルームを買うことになる。マジックマッシュルームは、口にすると、幻覚作用を引き起こすキノコの俗称だ。そのため、日本では食用ではなく、観賞用としての販売だけが認められていた。

しかし、2001年4月、俳優がマジックマッシュルームを摂取して、興奮して、錯乱状態になった。そのため、救急搬送されるほどの騒ぎにもなり、社会問題化した。こうしたこともあり、02年6月6日、マジックマッシュルームの販売が規制された[6]。

この規制によってアカリにとってみれば、「依存物質」を絶たれることになる。依存物質があった場合、徐々に摂取する量を減らすことが望ましく、それと同時に、そのことを本人が自覚し、治療につなげる方向を探らないといけないと言われている。

しかし、急に入手できなくなったため、依存気質だけが残ってしまう。依存の対象としてリタリンに向いてしまうのは自然の流れだった。依存症は「緩慢な自殺」と呼ばれることもあるが、放置すれば、自殺という結果でなくとも、死に至ることがある。私は、依存症に詳しい知人の精神科医を紹介し、治療のプロセスにのせたかった。

しかし、アカリは単に「リタリン」だけでなく、リタリンが供給される「ネットワーク」そのものに依存していった。精神科医との治療関係よりも優先された。アルコールや薬物依存症の治療の現場ではよくあることで、回復の過程では、こうした揺れ動きは織り込み済みなのかもしれない。ただ、回復せずに亡くなったのは残念だ。

メイやアカリの相次いだ死について、タカシも責任を感じてか、ＯＤによって自殺する。メンバーは少なくとも８人が死亡した。「ＣＧ２０２」は遺族が削除した。

狭い社会のなかで

〈一緒に死ねる人いませんか？連絡ください〉

中国地方に住む高校生、ショウ（仮名、18）は２００３年5月頃から、複数の「自殺系サイト」の掲示板で、心中相手を募集した。切迫した「死」への願望があったわけではない。以前から「死にたい」と思う気持ちはあった。

ショウは掲示板を通じて新聞記者から取材を受けた。「どうせ死ぬのなら、大げさに取り上げてもらいたい」との気持ちがあった。そして、自殺系サイトで知り合った３人での約束の日が近づく。前日、ショウは記者にメールを出した。

〈これから決行します〉

記者は慌てた。メールのやりとりは本名でしていたが、住所等はばれないとショウは思っていた。しかし記者は特定することができ、地元の警察署に通報。事前に食い止めた。

ショウは中国地方の農村で生まれ、新興宗教を信じる両親に育てられた。父親は以前から宗教そのものに興味があり、母親は親類がその新興宗教の会員だった。人口が少ないその農村では、信者の数を安定させるために、他の地方から送り込まれる人もいた。

しかし、その農村で新興宗教を信じること自体、教義の内容如何を問わず、とても狭い社会に生きることになる。当然、他の子どもと「違った人」「変わった人」と思われることは想像がつく。

「(夜寝るときに)目が覚めなければいいいな」

小学校の高学年の頃、ショウはそう思うようになった。ショウだけが保育園にも幼稚園にも行かず、近所で遊ぶ友達はおらず、友達の家には遊びに行くこともできなかった。

1年生の頃からいじめをうけ、髪の毛を引っ張られたり、殴る・蹴るもされた。

「平日はとても苦しかった」

中学になっても、宗教を理由に剣道ができず、授業では見学していた。宗教活動に影響が出るという理由で運動部ではなく文化部に入る。下校も、宗教活動に参加するために、親が迎えに来ることが多かった。

「中学校の頃って、みんながやっていることを同じようにやってみたいと思ったんです。自分の中で、『仲間に入れていないな』って感じた。運動部にだって入ってみたかったし、文化部は女子ばかり。嫌でしたね」

2年生の頃に、「死にたい」と思うようになった。両親はこれまで、いじめのことは知っていても、「いじめがあれば逃げればいい」としか言わず、解決には積極的ではなかった。逆に、いじめられているように疑われたときも、親は聖書を片手に諭した。

「聖書を持ち出されても納得しないですよ」

高校入学の直前の夏休み、ショウはとうとう反抗的な行動に出た。宗教活動内でのトラブル、そして親の態度が中途半端だったことから復讐を思いついた。

スプレー缶で落書き

〈サカキバラセイト参上！〉

宗教の施設内にスプレー缶で落書きをした。

サカキバラセイトとは、１９９７年の神戸連続児童殺傷事件で逮捕、少年院に入った「酒鬼薔薇聖斗」だ。事件に共感や共鳴をしたわけではない。宗教仲間とのトラブルをきっかけに、ショウは爆発した。

親は宗教団体の支部役員だ。親が落書きの被害届を出していた。息子が落書きの犯人とわかった親は警察署に一緒に行き、被害届を取り下げた。しかし、落書きをしたのが役員の息子だったことから、活動に参加する機会が減った。

宗教活動に参加しなくなると、突然、自由な時間ができる。時間ができれば、これまでの分を取り戻すかのように遊びたいと思った。「お金がもっと欲しい」。そのため、事務所等に忍び込んで窃盗を繰り返した。金を盗んでは、遊ぶ金に回した。

しかし高校2年のとき、自動車整備工場に盗みに入って逮捕され、少年院に入る。警察の留置所内でショウはあることがふと頭に浮かんだ。

〝親を殺して、自分も死んでやろう。自分がこうなったのは環境のせいだ。その環境をつくったのは親だ。親に復讐するぞ〟

しかし、少年院に入った最初の2週間で、内観という作業によってこれまでの人生を振り返り、他人に与えられてきたことを考えさせられた。そうしたことが、「親に感謝する自分」「親から与えられたものは大きいと感じる自分」を発見する。

出所したとき、自殺願望や焦燥感はなくなっていた。しかしながら、高校は休学し、4月からは別の学校に転校する。不安感以上に、恐怖感が襲ってきた。

「友達はできるだろうか」

高校まで友達と呼べるほどの人との出会いはなかった。転校先でも友達はできないだろうと、ショウは考えていた。
「よく話す人はいましたよ。最初の高校では孤立はしていなかったんです。でも、孤独でした。次の高校でも同じなんじゃないか、って怖かった」

練炭自殺の実験

そうした思いのなか、「ネット心中」が連鎖していることを報道で知る。5月には、「ネット心中」の手段ともなった、「練炭自殺」の実験をした。

1分後　アンモニア臭
15分後　眠い（まぶたがおもい）
30分後　脈拍80－90。体が熱い
40分後　タバコを初体験したような感じ
45分後　リスロンSを一箱飲んだような感じ。気持ちが悪いのである

その様子はレシートにメモしたが、苦しくなってショウは車の外に出た。リスロンSと

は睡眠薬の一種で、『完全自殺マニュアル』の第一章「クスリ」のところで、「大衆薬」の「向精神薬」で第一番目に紹介されている。実験数日前、ショウはその薬で自殺未遂を図った。意識はなくならなかった、という。

「どうせ死ぬのなら、大げさに死にたいですよ。いずれ人は死ぬんです、そう感じながら生きていくのも嫌です。だから、他人と約束していれば、『死ななければならない』でしょ」

ショウはその後、東京に遊びに行ったり、私の取材を受けたりした。

「女性と（心中をしようと）約束したし。それに、今死なないのなら、死ぬまで楽しんでもいいじゃないですか」

と言い残した。取材後、ショウは実家に戻るため、家族への東京土産を持って、長距離バスに乗り込んだ。ショウに会わせてくれた新聞記者と一緒に、見送った。短い東京への一人旅だったが、ショウは様々なことを体験したようだ。

「もし、関西の女性が（ネット心中を）断ってきたら、もう少し生きてみようと思う。そして、自分のことを文章にして、本にしようかな」

わずかながらでも、自殺しないという賭けをしているように思えた。生きる可能性を見出しているからではないか。ショウが「生きる」方向に踏み出すのではないかと思いながら、バスターミナルから手を振った。

数日後、ショウが行方不明となった。父親の車に乗り、いなくなったとの情報が寄せられた。家族が警察に通報した。車のナンバーを読み取るNシステムでおおよその移動範囲はわかっているという。結局、ショウは女性と一緒に遺体となって発見された。「死んだら、大げさに取り上げて」と言っていたが、警察発表もなく、報道もされなかった。

教師からの性被害を受け、噂話が立った後に自殺

教師からの性被害に関連して、自殺に至ることもある。2014年12月29日深夜、沖縄県那覇市在住の高校1年生の泉日和さん（享年16）が自殺した。

実は、中学時代に40代の男性教師（学年主任）による性加害行為があった。性加害行為については、市教委や学校が作成した資料で詳細が明らかにされている。ただ、高校では心機一転で学校生活を楽しんでいた矢先の出来事だった。

しかし、高校1年の11月頃、性被害について高校で噂になった。時折、自宅のベランダに佇んでいた。母親のさつきさん（42）は当時の様子をこう話す。

「日和が部屋にいるときには心配だったので、常に耳をすまし、教科書などのページをめくる音がしなくなったら、すぐに見に行っていました。あるとき、部屋を覗くと、ベラン

ダに立っていました。『また風にあたっているの？』と聞くと、『風にあたっているだけだよ』との返事がありました。もしかしたら、飛び降りるべきかどうか、自分でも葛藤していたのかもしれません」

12月29日、さつきさんが寝ているすきに、日和さんがベランダから飛び降りた。たまま歩いている人が見つけて110番通報。警察が団地一軒一軒回っていたことで、さつきさんは気がついた。

「亡くなったときは夜中の2時頃。日和は寝ているはずでしたが、警察が来たことでいないことに気がつきました。翌日、中学時代の仲良しで、部活の友達7人と会う予定でした。高校生になって一度も会っていませんでした。そのうちのひとりと『明日、会えるかな？ゆっくり話そう』と電話していましたが、待てなかったのかもしれません。飛び降りたときには楽になりたかったのかな。日和が亡くなった後は、後追いをしようと思ったこともありました」

理科準備室で指導中に

市教委作成資料によると、2013年11月14日朝、学校内の理科室でわいせつ行為が起きた。テニス部に所属していた日和さんは、成績が低迷している部員を対象にした朝の勉強会に参加していた。対象者は3人。他の2人は寝坊で来なかった。日和さんも遅れ、加害教師は理科準備室にいた。

同教師は日和さんに「今日はどうした?」などと声をかけ、準備室に呼び、急にキスし、椅子に座らせて頭を撫でた。日和さんは泣き出し、教師は落ち着かせようと、もう一度キスした。日和さんは動揺し、泣いて、トイレに駆け込んだ。そこで生徒会役員の友人2人と出会い、事件のことを話した。

その後、同教師は「落ち着こう」と話し、事件のことを謝った。保健室へ行くが、担任は養護教諭に、「日和さんの意向で何も聞かないでほしい」と告げた。10時半頃、ようやく教室へ戻る。移動教室で誰もいないとき、幼馴染に「話したい」と、事件を説明した。話を聞いた日和さんの彼氏も保健室に来た。そして養護教諭も事実を知る。

夕方、複数の女性教師が事情を聞く。このとき、日和さんは「こんなことになるなら、幼馴染に話さなければよかったかも」「校長先生に言うの?」「私が転校したら、(加害者の)先生は転勤しなくて済むの?」などと話した。

「当日は何も知りませんでした。彼氏が送ってきてくれましたが、『今日だけでいいので、寝ないで見守ってください。自分の口からは何があったのか言えません』と言ったんです。翌朝も、何事もなかったかのように学校へ行きました。校長と教頭、養護教諭の3人がその夜、突然来ました。土下座して謝られました。校長に『日和さんを守るため他言しないでほしい』とも言われました」（さつきさん）

わいせつ行為発覚以前にも予兆が

14日のわいせつ行為以前、その教師と日和さんはドライブをしていた。日和さんは情緒不安定になったのか、11月5日、心療内科でパニック障害との診断を受けた。教師は「病院の話を聞きたい」とドライブに誘ってきた。

資料によると、11月5日は前日の合唱コンクールの振替休日。午前中、この教師は日和さんとメールをしている。夕方、日和さんが住む集合住宅の近くで待ち合わせをして、2人きりでドライブした。学校生活や病院の受診について〝相談を受けた〟。その後、5時半まで公園におり、6時頃、集合住宅の前で日和さんを車から降ろした。

「なんで先生が?と思ったんですが、日和は先生を信頼していました。将来の夢について話したこともあったようですし、（母子家庭のため）お父さんが欲しいという話もしていたこともありました。病院に行くことも先生は前もって知っていました。心配してくれていたる感じでしたが、『手をつなごうか』と言われ、手をつないで散歩をしたと聞いて、そこから注意をするようになりました」（同）

過呼吸が起きるようになったのは、わいせつ行為が発覚する数ヶ月前。その頃からボディタッチが多くなってきていた。同級生の証言として、「もともと日和は気さくなタイプ。先生のお気に入り」。日和さんも「お父さんみたい」と話していた。

「お父さんのように慕っていた先生だったのですが、日和が過呼吸を起こすようになったのは、ボディタッチしか考えられないです」（同）

資料によれば、同教師は日和さんがパニック発作を起こすことを心配し、「何かあったら連絡して」とメールアドレスを教えた。教師は週3～4回連絡をしていた。また、パニック発作を起こしたとき、教師は日和さんを理科準備室に呼び出し、2人だけの状態になったことが3回あった。落ち着かせるために、手を握る、背中をさすることもあった。担任に報告はあったというが、生徒会室でも、日和さんを膝の上に乗せて足をさすっているところも目撃され、他の女子生徒に不審がられていた。

「自分の娘と同じ年齢。同じくらい可愛かった」

ただ、この事件があっても、日和さんは「内申点が下がる」と言い、受験もあるために通学した。帰宅すると、泣き続けることもあった。そんなとき、さつきさんは後ろから抱きしめた。

「加害教師は異動もせずに学校にいました。娘は、その教師に会わないように、始業のチャイムが鳴ると、走って移動教室に向かっていたことを聞きました。娘はだんだん痩せていきました。体重も40キロ台から30キロ台と、減っていきました。自殺願望も強く、ベランダから何度も飛び降りようとしたこともありました」（さつきさん）

その後、加害教師と校長、教頭、養護教諭と話し合いがされた。その場で校長は同教師に対し「君のせいで、僕の昇進がなくなったんだ！」と言った。さつきさんは「他言しないように言ったのは、校長の保身だったのでは？」と感じ、怒りが校長にも向いた。このとき、こんなやりとりもあった。

さつきさん「どうしてこんなこと？」

加害教師「自分の娘が、日和さんと同じ年齢。同じくらい可愛かった」

さつきさん「恋愛感情は？」

加害教師「ないです」

「ますます納得いきませんでした」とさつきさんは振り返る。市教委からも「訴えてください。訴えられてもしかたがないことをしてしまった」と言われ、謝罪された。

教師による性的な被害に関しては、「教育職員等による児童生徒性暴力等の防止等に関する法律」が２０２１年６月に施行された。教職員による児童生徒との性交等を「性暴力」と位置づけ、性暴力が心理的外傷を及ぼすとして、刑事罰にならないとしても、禁止行為とした。行った場合、免許を失効することがあり得るようになった。失効した者のデータベースも整備することになる。[7]

不適切な指導・叱責を受けた翌日に自殺

自殺の原因となる教師による言動は、性暴力だけではない。

2013年3月3日、北海道立高校の1年生、悠太（享年16）が地下鉄の電車にはねられ死亡した。自殺だった。亡くなる直前、同級生の部員Cに次のメールを出していた。〈この文章がCへの遺言になるのかもね／昨日先生に言われました／俺が嘘をついて部員に迷惑かけてて／ネット中傷、名誉毀損などなど／色々言われた／正直に言う／全く心当たりがない／先生が何のことを言っているのか／サッパリ分からないよ〉

悠太が自殺したのは所属する吹奏楽部の顧問からの不適切な指導を受けた翌日だ。ただ、当日も部活動があったために登校した。大雪だったため、親に車で送ってもらっていた。このとき、職員室で叱責を受けていたという匿名を希望する教員からの情報もあったが、その日は部活に参加していない。事実なら、顧問が2日続けて指導した直後に亡くなったことになる。

この日、部活の練習前、顧問は悠太が現れなかったことについて言及し、「これでもうおしまいだ。一切関わるな」「もうあいつのことは話題にしないで練習に集中だ」などと発言していたという。学校側がまとめた資料の中では、顧問が「部内で問題があり、指導した。そのことが原因ではないか」と発言したとされている。顧問も思い当たることがあったということだろう。

事実確認が十分ではない指導は「不適切」

遺族は北海道を提訴した。遺族によると、吹奏楽部の顧問が、他の部員たちに「悠太と関わるな」と言うなど、悠太を孤立させたうえに、前日に不適切な指導をしていたことが自殺の原因として訴えた。控訴審の札幌高裁（長谷川恭弘裁判長）は２０２０年11月、地裁の認定を覆し、指導が不適切だったと指摘した。しかし、訴えを棄却。最高裁には上告せずに判決は確定した。

判決などによると、悠太への指導は2回行われた。1回目は、メールトラブルがきっかけだ。しかし、きっかけになったメールについては、管理職や生徒指導部が正確な情報を把握していない。一審の証人尋問で明らかになったのは、生徒指導部長は、口頭での会話だと誤解した点だった。指導対象となったのは、悠太のその後のメールだ。

ただし、顧問は尋問で、2人のメールトラブルを「売り言葉に買い言葉」と証言した。いわば、口喧嘩の類と主張した。

しかし、トラブル相手・生徒Bに対しては指導していない。その後、顧問は「吹奏楽部の功績に泥を塗った」と大声で悠太を怒った。結局、指導後、悠太は反省文を15枚書いた。翌日、部員全員の前で謝罪した。

「もう誰とも連絡を取るな。しゃべるな」

1年生の男子部員は、悠太のほかにはBとCしかいない。そのため、仲直りをしようとした。話し合いの結果、3人の間には隠し事はしないことになった。悠太は、部則違反だが、隠していた部内恋愛を告白した。

実は、部内には部則が細かいものを含めて100以上ある。そのなかには、日常生活に関わるもののほか、必要以上のメールやSNSの禁止もあった。顧問は、悠太と関わるとトラブルが起きるとして、連絡網以外のやりとりを禁止した。

顧問は部則違反には厳しい。部則違反をしてはいけないと強調する中で、違反を知った場合は顧問に言わなければならないというムードが作り上げられた。しかし、部則違反をした場合、どんな指導をするのかは提示されていない。

悠太が告白した「部内恋愛」は部則違反になる。そのため、報告しなければならないと考えたBとCの2人は顧問に伝えた。このときの心情についてCは、尋問で証言した。

「その時は、決まりを破ったということ、つまり、部内恋愛禁止に反したことを報告しなかったら（顧問に）怒られると思っていました。（前回の）メールの件についても、真っ先に顧問に報告しなかったので、怒られました。この問題は、顧問に報告すべきだと思ったんです。（顧問は）部活のことはなんでも知っていないといけない存在なんです」

2人は部則違反を報告したが、顧問は「根も葉もない嘘。関わるな」と相手にしなかった。そのため、2人は上級生に伝えた。その結果、顧問は「部内恋愛は嘘」「悠太は嘘を吹聴した」と判断し、2回目の指導となった。

3月2日、校舎4階の音楽準備室で2年生4人を立ち合わせ、顧問は悠太に指導した。他の教諭らには相談はしておらず、教頭や生徒指導部には事後報告だった。2年生を同席させた目的は、部活を続ける条件を出してもらうため。顧問は悠太に、こう叱責した。

「なんのことだかわかるよな、お前のやっていることは名誉毀損で犯罪だ。俺の娘に同じことをしたら、お前の家に怒鳴り込みに行く。警察にも訴える」

脅しのような叱責だが、顧問はこのとき、「なんのことかわかるよな」とは言ったものの、事実確認をきちんとしていない。咄嗟のことで、悠太が判断ができなくても仕方がない状況だ。しかも、上級生を立ち合わせたことで、プライバシーの問題もあり、詳細な確認ができない。

さらに、顧問は続ける。

「もう誰とも連絡を取るな。しゃべるな。行事にも参加しなくていい。お前は与えられた仕事だけをしていればいい。それ以外の条件は、明日、先輩たちが言うから。もう帰っていい」

何のことで叱責されたかわからず、部員全員とのやりとりを禁止された。「与えられた仕事だけ」をこなすだけにされていた。

悠太は中学時代に吹奏楽部の楽しさを覚え、マーチングもできる吹奏楽部がある高校を探し、入学した。学校生活でも放課後の部活の時間だけでなく、始業前の朝練と昼休みも部活の時間に費やしていた。悠太にとって、学校生活は部活動そのものだ。そんな居場所を奪われたのも同然だった。

この日の夜、悠太はCの自宅を訪問する。しかし、対応した家人が帰宅していたCに気づいていなかったため、会えなかった。Cはあとで気がつくが、電話してない。翌3日の部活のミーティング時、Cは「家に来たら会ってもいいですか?」と顧問に聞いた。Cは尋問でこう証言している。

原告代理人「顧問はなんと言いましたか?」

C「訪問とか来ても、居留守を使え。連絡が来ても応じるな。関わったら危険な目にあう。一切、関わるな、と言っていました」

結果として、顧問の指示は悠太を孤立させるものだった。このとき、悠太はどこをさまよっていたのだろうか。校内にいたことを知りながら、部活に来ない悠太の居場所を確認することもなく、顧問は部活を始めた。

顧問は暴言を吐いていた

3日は日曜日だったが、悠太は部活のため、学校に行く。校内で目撃はされていたが、なぜか、部活には向かうことはなかった。そして、地下鉄の駅に向かった。

一方、部活が始まる前、悠太が部活に現れないとなったときに、顧問は「もうダメだな」と言った。そのことについて、先の尋問ではこう答えている。

原告弁護人「あいつはもうダメだな」と言った?

顧問「はい。もう自分で(部活に来ない)選択したんだという意味。落胆の気持ちです」

4日。部員たちが音楽室に集められ、顧問から悠太が亡くなるまでの経緯が説明された。そのとき、顧問は悠太に対して、暴言とも取れる発言をしている。

原告代理人「覚えていることはありますか？」

C「『悠太は最後まで部活を乱していった』ということを言っていた。『あいつは最後までダメだった』と言っていたのを覚えている」

このことは、Cの反対尋問で被告側代理人に「本当に亡くなった人を貶めるようなことを言ったのか？」と言わしめるほどの内容だった。

判決では指導を契機として生じたものとしたが……

悠太は2度、短期間で指導を受けた。納得のいく事実確認はなく、しかも指導内容は同じ部活の部員とのコミュニケーションを極端に制限した。特に2回目の指導は、日常でも制限したものだ。

高裁判決は3月2日の指導について、「指導対象とされた事実やそれがどのような意味で問題であるのかについて理解できていなかった」「その指導法は適切とは言えず、本件生徒に対して教育的効果を発揮するどころか、かえって本件生徒を混乱させる指導」として、裁判所として「不適切な指導」と認定した。その上で、「自殺は指導を契機に、自殺を決意するに至った動機も部活に関連する」とした。しかし、自殺の予見可能性を認めず、違法性までは認めなかった。

判決は、不適切な指導が悠太の自殺に影響を与えたという点を認めた。前述したとおり、このように不適切な指導をきっかけに自殺に至ることは「指導死」と呼ばれている。指導後に息子が自殺した遺族、「指導死」親の会共同代表でもある大貫隆志氏による造語だ。徐々に、「指導死」という言葉が判決や調査報告書、メディアで使われるようになった。

遺族は判決後、道教委と話を重ねた。遺族としては、違法性は認められなかったが、不適切な指導が悠太の自殺を招いたことを踏まえ、再発防止策を願っていた。しかし、道教委は、悠太の指導死について「検証の予定はない」として、原因を「不明」としたまま再発防止のためのリーフレットを作成することを決めた。

個別指導を受けたあとの自殺

鹿児島市の中学3年だったトオル（仮名、当時15）は、2018年9月3日、自宅で亡くなった。自殺だった。この日は始業式で、夏休みの宿題の提出を忘れたことで、担任の女性教諭（40代）から他の生徒とともに集団指導を受けた。その後、個別指導を受け、自宅に宿題を取りに行かせられた。その矢先の出来事だった。

17時30分頃、担任教諭から、仕事に出ていた母親・アカネ（仮名）に電話が入ったという。

担任「もしもし、トオルくんがいなくなったんですけど、行きそうなところ知りませんか？」
アカネ「どういうことですか」
担任「宿題をまったく出していないんですよ」
アカネ「塾も忙しいんですが、まったく出していないんですか」
担任「一切、出していません」

このやりとりは、のちに作成された「調査報告書」には掲載されていない。アカネは「先生との主張に食い違いがあるのかもしれない」と話す。また、この時の荒い口調での話し振りに「指導から4時間が経っているのにそんな言い方ということは、普段からそんな口調なんだろう。すごく怖い」と感じた。

心配だったアカネは17時40分頃、自宅に電話をしたが、所在を確認できなかった。18時前後、担任はアカネ宅へ向かった。同じ頃、アカネも帰宅した。見当たらないのでトオルに電話したが、応答はない。

通常、1階のリビングで勉強するなどして過ごすことが多いトオルだが、このとき、1階にはいなかった。アカネは玄関には靴があることがわかり、2階の部屋にいると思い、階段を上がった。

18時9分頃、2階の3つある部屋の、一番手前の部屋のドアから、ヒモが見えた。「いつも友達が来たら遊んでいる部屋ですが、最初は、ドアを開けないようにしている?」と思ったアカネ。開けると、ぐったりしているトオルがいた。近くには、スマホが置かれていた。後でわかることだが、自殺の方法を検索していた。

アカネは、トオルを見つけたときに、人工呼吸した。一瞬だけ、反応した。救急車を呼ぶと、すでに死後硬直が始まっていたため、警察も呼んだ。のちに、担任は「心臓マッサージをした」と言っていた。しかし、アカネによると、担任はトオルの足をさすっていただけだ。2021年10月に弔問にきたときに、「なんでそんな嘘をついたんですか?」と聞くと、担任は「胸の厚みを覚えている」と答えたという。「足にも触らないで欲しかったので、救急車を呼んで、と言いました」と振り返る。

遺族が抱く疑問

「(宿題忘れの)叱責だけで自殺するだろうか?」

アカネはそう思った。生前の写真を見せてもらったが、活発な少年という印象だ。所属の部活はバスケットボール部で、背が高い。また、釣りや自然が好きで活発な面がある。「調査報告書」でも、「野生児のよう」との記述があるが、「メダカや蛇、亀を採ってきたり、猫を拾ってきたりしていました。危険だと言われているのに、川で遊んでいたりしました」とアカネは振り返る。

死に対する意識はあったのか。報告書では、〈「担任がX先生だから死にたいわ」と冗談ぽく言っていたことを一回だけ聞いた…（中略）…『X先生に怒られるのがきつい。自殺したい』とトオルが言っているのを聞いた」〉などの記述はある。しかし、家族の前では、自殺を含む死に関する話をしていた様子もない。

ただし、振り返ると、担任のことで不安な要素があった。たとえば、友人とのLINEで、〈俺、きつい〉〈クラス替えして欲しい〉と投稿していたことがあった。

「中3になってすぐ、『担任が嫌なので、クラス替えをしてほしいけど、できないの？』と言っていました。『先生が嫌だから』と。『それはできないでしょ。社会に出たら、ウマの合わない人は出てくるよ。今年は先生とではなく、友達と思い出をつくりなさい』って言ったんです。翌日も言っていましたが、その後は言わなくなりました」

当初、学校は、トオルが進路で悩んでいたと説明していた。

「トオルはまじめなので、宿題の未提出が自殺の原因になったのかな？と思ったんですが、校長は進路の悩みと言いました。そのため、地域の人から文科省が定めた『学校事故対応に関する指針』や『子どもの自殺が起きたときの背景調査の指針』があることを聞きました。何があったかを知りたい。校長先生に『説明してください』と言っても、何も言わなくなったんです。そこで、弁護士を探しました。学校での詳細調査をお願いしました」

宿題はどんなものがあったのか。調査報告書によると、始業式に提出しなければならない宿題は、（1）答え合わせをした理科のプリント、（2）数学のプリント集、（3）数学のワーク、（4）保健体育が「体話」（親子で取り組むストレッチ）、（5）特別活動の調べ（高校の体験入学のまとめ）、（6）標語、（7）夏休みのしおり（生活の記憶）。このほか、（8）通知表も、保護者のコメントを挿入して提出することになっていた。

このうち、トオルが提出したのは、（1）と（3）。（2）は紛失したと担任に報告。このほかは、忘れているのかどうかを担任はトオルに確認していない。

帰りの会が終わった後、宿題未提出の人を対象に、集団指導が行われた。このときは6人が対象だ。トオルに担任は「持ってきなさい。提出期限は今日だよね。ちゃんとやって出しなさい」と指導した。このときの様子を、別のクラスの生徒が見ていたが、担任について、「急に怒鳴ったり、静かになったりで、何を言っているのかわからなかった」と証言した。

その後、特に宿題を忘れがちだった別の生徒と、宿題を滅多に忘れないトオルが個別指導の対象となった。担任は別の生徒には「お前がこんな調子で宿題をしなかったら、内申書を書かないぞ」と言っていたという。机を叩いたりもした。

担任は詳細調査の中で、持っていた名簿の上を数度指で軽く叩いたが、威圧的ではないと証言した。このときの指導では、担任は大きな声で指導していたが、「だったら、ちゃんとだせや、こら」などとの言葉遣いをしていたことがわかっている。

怒鳴り声・暴言・威圧

トオルへの指導になったのは13時30分頃。13時40分頃、担任は、複数の教室で応援団の練習の指導をしていた。長くても指導時間は10分ほどだ。

担任が「いったいどのような夏休みを過ごしたのね」（ママ）と聞くと、トオルは「勉強をあまりしませんでした」と返事した。周囲の証言では、指導後5分ほどしてから、怒鳴り声が聞こえた。

担任の怒鳴り声については、この事件を受けて結成された調査委員会が入手した別の日時の音声データがある。怒鳴り声とはわかるが、発言は聞き取れない。当日もこうした状況だったのだろうか。

報告書でも、担任について「大声を出す（怒鳴る）、ものや壁を叩く、机や椅子を蹴る、ティッシュの箱を投げる、やかんを目の前に落とされてやかんを蹴る」などの行動を指摘している。その上で、「地声が大きかったことから、扉が開いた際に、これらの声が職員室外に聞こえた可能性がある」とも書かれている。

暴言については、複数の保護者が問題視しており、これまでも改善を求めていた。少なくとも保護者の中には問題視する人がいたことになる。

調査委は自殺の要因になった要素を検討した。トオルの性格などの個人的な因子のほか、家庭要因、宿題未提出そのもの、進学への不安について……。しかし、自殺の直接原因とは認めていない。

一方、担任の指導について、「普通の生徒であっても萎縮するほどの声量であり、怒られていることに慣れていないトオルにとっては大きく動揺する出来事」「大声で責めるのみで、改善策を考えさせようとした様子は見受けられない」として、「自死に影響を与えた可能性は否定できない」と、指導との因果関係を示唆した。

指導中、トオルは涙を流した。そのことが羞恥心を高めたのだろう。報告書では「宿題を当日中に提出できないと再度厳しい叱責を伴う指導が予測され、トオルはそのようなストレスを感じていた」とも分析した。

その上で、報告書は、①大声などで生徒に恐怖感情を与え、教師の意に沿う行動をさせる指導、②宿題を自宅にとりに帰らせる指導、③スタンプラリー（指導を受ける際、ひとりの教師からの指導が終わるとサインをもらい、さらに別の教師からの指導を次々と受けていくというもの）、④連帯責任（自殺前年、バスケットボール部に問題が起きた。トオルは関与していないが、連帯責任として清掃作業を強いられたことがあり、調査委は不適切とした）――は改善すべきこととしてあげている。

「報告書を読んでいると、トオルの頭の中が真っ白になっているのではと感じます。ただ、書いていない箇所もあります。例えば、合唱コンクールでは、優勝しないと許されず、トオルのクラスだけが朝練していました。それでクラスの統制をとっています」（アカネ）

トオルへの、暴言を含めた指導が、自殺を招く結果になった。報告書があげていた4つの改善すべき点が、指導の背景にあったことは、トオルのプレッシャーを助長したといっても過言ではない。

「当日のことが、鮮明にはわかっていません。宿題忘れとセットで、進路指導をしていますが、宿題忘れの叱責で、トオルの頭は真っ白になっているんじゃないか。宿題忘れで指導した上で、進路指導で脅す。それだと辻褄が合います。正しい指導であれば自殺することはなかった」

2022年7月、鹿児島県教委は、指導をした担任を懲戒戒告処分とした。アカネには報道への発表後に知らせた。

「息子の命が軽く見られている。そう思える処分の内容だと思いました」

註

(1) 松本俊彦「『故意の自傷』の現在」『精神科治療学』第36巻9号、星和書店、2021年、1017(35)頁

(2) シェリル・A・キング、シンシア・E・フォスター、ケリー・M・ロガルスキー『十代の自殺の危険』高橋祥友監訳、高橋晶他訳、金剛出版、2016年、24頁

(3) 警察庁「令和2年中における自殺の状況」

(4) 文部科学省初等中等教育局児童生徒課「児童生徒の問題行動・不登校等生徒指導上の諸課題に関する調査」 https://www.mext.go.jp/a_menu/shotou/seitoshidou/1302902.htm

(5) リタリン流通管理委員会「リタリン流通管理基準」2007年11月28日 http://www.ritalin-ryutsukanri.jp/shared/pdf/distribution_ver9.pdf

(6) 「麻薬、麻薬原料植物、向精神薬及び麻薬向精神薬原料を指定する政令」第二条 https://elaws.e-gov.go.jp/document?lawid=402CO0000000238#136

(7) 教育職員等による児童生徒性暴力等の防止等に関する法律の公布について」(通知) 2021年6月11日 https://www.mext.go.jp/a_menu/shotou/kyoin/mext_01584.html

第5章

女性の自殺

私は新聞記者を辞めた１９９８年以降、家出や援助交際、希死念慮、自殺未遂、自傷行為、摂食障害、依存症などから、「生きづらさ」をテーマに取材をしてきた。生きづらさを抱えているとして取材ができたのは女性が8割、男性が2割だ。

厚生労働省の「自殺対策白書」（２０２０年版）によると、すべての年齢階級で自殺未遂歴が「あり」の割合は女性が多い。特に20代では41・6％。30代でも38・7％、19歳以下で36・1％。若年層ほど、自殺未遂を経験している。一方、男性は30代の18・6％がピークで2割を超えず、既遂率が高いことを意味する。

コロナ禍で職場の人間関係に追い詰められる

「とにかく苦しくて先が見えなくて、毎日が絶望の日々でした」

公務員を休職している麻友（仮名、31）は２０２０年の年末にも高度治療室（ＨＣＵ）に運ばれた。入職して6年目に異動したが、問題が起きる。異動先の部署は3つのチームから成り立っていたが、ペアになった年下の女性職員のふるまいが原因で、麻友は精神的に辛い状況になっていく。

ある夏の日。調査のため、ペアの職員と一緒に車で現地に向かった。ペアの職員が助手席に座り、エアコンの温度を極端に下げ、風速も強くした。外気温との差が激しく、麻友は翌日、体調を崩した。病院へ行くと「熱中症」と診断され。数日間、休む。熱中症のことはペアの職員に伝えた。3日後、上司に叱られた。チームに熱中症のことが伝わっていなかった。

「悪口が苦手なので、悪口で盛り上がっていると、抜けて仕事をしていたんです。だからターゲットになったのかな？」

自信がない性格だったためもあり、麻友は職場で孤立しているように感じ、精神的にきつくなっていく。精神科を受診すると、うつのため、医師に「いますぐ休職するように」と言われた。

2度も救急搬送される

麻友は休むほうが職場に迷惑をかけると思っていた。しかし、休まないほうが本当に職場に迷惑をかけると思い直し、初診から3～4週間後に休職を決めた。上司がメンタルヘルスに理解があったことも幸いした。ただ、職場での孤立感があり、職場に復帰する前、処方薬で過剰摂取（オーバードーズ、OD）を繰り返した。

「休職中は、とにかく苦しくて先が見えなくて、自分を陥れた人を許さないと思ってしまう自分が醜くてたまらないと感じて、毎日が絶望の日々でした。休職を経た後の復職中には、2度大量服薬をし、1度目はICUに入院、2度目はHCUに入院しました」

2019年9月。市販薬を350錠飲み、9時間後、病院に搬送され、集中治療室（ICU）で胃洗浄をされた。翌日、一度院内で起き、さらに次の日に、母親と対面した。「『何もかもストップさせたい』『シャットダウンさせたい』という気持ちでした」

20年1月、「このままでは希死念慮が強くなる」との診断書が出された。その後も、希死念慮が止まず、4月も缶チューハイで処方薬170錠飲み、HCUに搬送された。

自傷行為は気が紛れる？

麻友の自傷行為が激しくなったのは、職場でうつを患ってからだ。ただ、自傷行為をしたのは中学入学直前の春休みが最初だ。好きな人への手紙をみんなが読んでいたのがわかり、辛かった。そのため、カッターで親指の指紋部分を薄く切った。

「当時、少女漫画雑誌『りぼん』で『GALS！（ギャルズ）』という漫画で、リストカットを繰り返す女の子が登場していました。切ったら、気が紛れ、楽になるのかな？と思ったんですが、当時は、『そうでもないな』と思ったんです。それに、クラスに馴染んだので、やらなくなりました」

職場での嫌がらせもあり、自傷行為がぶり返した。2019年の夏にも大きな自傷行為をした。カッターで深く切ったために、医師には「縫合をしないとダメ」と言われた。そのときの傷は〝辛かったことを残したい〟という思いが強く、スマホで写真を撮った。

現在は自傷行為を制御している。ODも我慢するよう、彼氏と同棲をしているマンション内のトイレで、『3回目は我慢しよう』と書いたメモを貼っている。彼氏にも、主治医にも迷惑をかけないようにしている。だが、2020年の12月、みたび、HCUに搬送され、入院することになった。

男女7人ネット心中

2004年10月12日、埼玉県皆野町の「美の山公園」で男女7人がレンタカーの中で死亡しているのが発見された。警察によれば、死因は一酸化炭素中毒死。車には目張りがされているほか、左右のドアの中からロープで結び、そのロープで手足を結んでいる人もいた。

7人中の1人は、以前から取材をしていたマリア（34）。運転席で亡くなっていた。2列目には埼玉県さいたま市の主婦（32）と佐賀県の無職女性（20）、その間に埼玉県所沢市の無職男性（20）。3列目には青森県岩本町の男子大学生（20）、大阪府東大阪市のフリーター男性（20）、神奈川県川崎市の職業不詳の男性（26）が座っていた。マリアは子どもにあてた遺書を残していた。

〈ごめんね。お母さんはもう死んじゃうけど、あなたたちを産んで幸せだった〉

自殺計画の2ヶ月前、マリアから私に電話があった。数日後、新宿アルタ前で待ち合わせをした。そのとき、ネット心中の計画を告白された。

運営していたサイトは「死にたい症候群」

マリアはロックバンド「メリーメリーマリー」のボーカルで、人気を博したT－BOLANのボーカル森友嵐士と極秘結婚をしていた。『マリア』という曲は、彼女をモデルにしたと言われている。初めて会ったときには離婚していた。心中事件当時は、別の男性と結婚していた。

マリアはニフティのパソコン通信の時代から、サイバースペースに関心があった。インターネット時代になってもYahoo!チャット（2000年に公開、14年3月に終了）やメンタルヘルス系サイトを利用していたほか、2ちゃんねるの「いまどこいまひま」板を作ったことで、一部のネットユーザーの中では、「いまひまさん」として知られていた。

私がマリアと会ったのは、このときが約1年ぶり。以前、自殺系サイトを取材していた私が、マリアが開設していたサイト「死にたい症候群　自殺とドラッグのＦＲｅｅＤＯＭ生きたくない僕ら[1]」に興味を抱き、取材を申し込んで以来、何度か会っていた。

この日、マリアと新宿で会った。「ヒロ」と名乗る17歳の男子高校生と一緒だった。「自殺をテーマにしたチャットで知り合った」と紹介された。また、再婚はしたものの、家庭生活がうまくいかず、子どもとは会いたくても会えないことで悩んでいた。近況報告等をしていたさなかで、「みんなで自殺をしようと思うの」という話を切り出した。

２００３年以降、連鎖的に起きているネット心中を私が取材していることを知っていたマリアは、確実に死ねる方法を聞いてきた。自殺の話をするのは２人の間では自然なことだ。しかし、練炭自殺によるネット心中は、実行すると既遂となることが多い。これまでとは違って私は動揺した。そのため、私は思わず、「死んでほしくない」との言葉を発した。

これまでも自殺願望者の取材をしてきて、目の前で、言葉で止めるということはしていない。それ自体が自殺予防にはならないと判断していたからだ。

「楽しいことがないのに、どうして生きる理由があるの？」

と、マリアは言っていた。その背景にはトラウマ体験があった。

性的虐待のサバイバー

マリアは性的虐待の被害者で、解離性同一性障害（いわゆる多重人格）の診断を受け、治療を受けていた。自傷行為や自殺未遂も繰り返してきたが、確実な手段を取ってこなかった。

マリアの話では、幼い頃、実父は病死した。その翌年、母親は再婚する。その再婚相手とは離婚し、その後も複数の男性が家を出入りしていた。幼い頃は、母親によく殴られていた。義父には8歳まで性的虐待を受けていた。そして、23歳のときに、性的虐待を受けている自分とは別の自分になりたかったのか、「マリア」という名前に正式に変えた。

中学を卒業すると、東京でアルバイトをしてお金を貯めて、アメリカに渡り、ダンスの専門学校に通った。帰国後、夫になる森友氏と知り合い、結婚する。

マリアには12人の人格が存在するとされた。そのためもあり、夫婦生活が続かず、別居。離婚する。また、20代後半、再会した義父から性的被害を受ける。この日のことを2000年2月のWeb日記に〈お父さんは、コトが済んだらそそくさとズボンをはいて、何事もなかったかのように振舞った〉と書いている。マリアは主治医にこう話していた。(2)

私、なんでお父さんと会ってご飯を食べようとしたのかというと、検事さんにも説明したんですけれど、レイプとかそういうことがあると、どうしてもそれがなかったかのように振る舞いたいというか。お父さんと普通に家族的にご飯を食べて、「ああ、やっぱりそういうことは今までなくて、普通の親子だったんだ」と思い込みたい気持ちがすごく強くて。

マリアは義父を刑事告訴した。半年ほどかけて、弁護士を探し、ようやく受理され、義父を被告人とする刑事訴訟になった。裁判の過程では過去を思い出すため、フラッシュバックがつきまとい、処罰感情が高まっていた。その公判中、マリアと私は歌舞伎町で会っていた。

「今、父親を相手にした刑事裁判をしているの。多重人格のことも取り上げた刑事裁判は珍しいでしょ。勝ったら（有罪になったら）また教えるね」

と、笑顔で話していたのを覚えている。結局、義父は有罪になった。

「自殺クラブ」で一緒に自殺する人を募る

新宿で会ったとき、マリアはすでに、「自殺クラブ」というサイトで、ネット心中の呼びかけをしていた。

〈10月頭に都内で集まって出発する女性だけのグループです。方法は練炭です。あと二名くらい募集します〉

この書き込みを見て、切迫感が伝わってきた。この頃のマリアが悩んでいたのは、再婚した相手との間にできた子どもと会えないこと。最初の結婚のときに出産した子どもとも会えない。そのときの辛さを再び繰り返した。こうした感情と「ネット心中」の結びつきは現実味を帯びていた。

呼びかけ文は、単に方法や日時だけが書いてあり、取材してきたネット心中の呼びかけと似ていた。私は「女性」になりすまし、情報をつかもうとメールを出した。わかったのは、日時が「10月4日朝10時半」で、集合場所は「新宿」。応募した背景を聞かないのはネット心中の典型的なパターン。しかし、それ以上は家族にばれてしまうという理由で、メールではなく、電話で話そうと言われてしまう。

別のグループで

そんな中で、マリアが以前連れてきていたヒロが自殺した。「自殺クラブ」での女子高生の呼びかけに答え、2004年9月28日、他のメンバー3人とともにレンタカー内でネット心中した。その直前、ヒロはマリアに電話している。

「昼に新宿で会った人たちと山の中に来ちゃった。どうしよう」

ヒロは泣きながら話してきたという。

「降りてきなさいよ」

と説得するが、女子高生に電話が変わられ、「キモイ」と言われて、切られてしまった。マリアは事情聴取を受けたあと、ヒロの父親と連絡を取り合い、葬儀に参列した。ヒロの荷物が残る部屋に戻った夜、「もう一度、食事したかったね」と泣きながら夜を明かした。ヒロの死がマリアの自殺願望に影響を与えなかったはずがない。

一方、10月4日の計画は着々と進んでいた。当日、待ち合わせ場所になっていた新宿東口交番や警視庁に電話をしたが冷たくあしらわれた。マリアに電話をかけても圏外で、電話は通じなかった。奥多摩の山中で自殺未遂をしたグループがあると知った。その中にはマリアがいた。電話をすると、マリアが電話口に出た。

「警察に笑われちゃった。『テントもろくに張れないのに、テントで自殺かよ……』って」

搬送されたＩＣＵでも医者が「気密性が大事」と言っていたという。未遂の直後に、医者や警察が自殺する方法を教えるとは信じられなかった。「また、やると思うよ」と言っていた。

一度の未遂を経て、再び「自殺クラブ」で募集

その後まもなく、「自殺クラブ」にアクセスすると、マリアの呼びかけを見つけた。

〈本気の方募集　練炭　睡眠薬　車　の方法で、男女問わずグループで実行したいです。私は前に練炭で失敗したので、今度は確実に〉

当初は、未遂をしたときに一緒だった世田谷区の女性と2人で実行する予定だったが、最終的には、別の呼びかけに集まっていた「9日実行グループの代表」が加わる。さらに別の女性と「二子玉川の男性」が残った。3つのグループが集まり、最終的に参加者が7人になった。

〈明日、青森、大阪、福岡から東京に来る人たちが、どうしても遠いから集合時間遅くて、しかも、あんまり連絡が密じゃなくて、来るのかな？　今集まっている3人は確実です〉

とのメールが、自殺メンバーになりすましている私に届いた。しかし、9日の天気は台風で大荒れ。交通機関は麻痺していた。マリアからメールが届いた。

〈地方組から連絡があって、午後三時半から四時の間には東京駅に着くそうです〉

再び、私は東京駅の丸の内警察署と駅前交番に電話した。

「今日は台風。見つからないかもしれないけど、見てみます」

電話に出た警察官の対応はよかったが、駅は広いし、レンタカーの貸し出しは多い。何

度も電話をかけ続けたがつながらない。ようやくつながったのは10日午後３時半頃だった。

「また何かすると思ってるんでしょ？　未遂したばかりで、そんな体力ないよ」

この言葉が本当なのかどうかわからないが、本当であることを信じたかった。

「また、会おうよ」

「うん、こっちから電話するよ。いつもこっちから電話しているでしょ」

これが最後の会話だった。

最後に見せた笑顔

〈全てに対して不安でまた死にたくなってきました〉

関西地方在住の専門学校生、彩（仮名）は19歳の６月に自殺した。死因は精神安定剤の大量服薬による心停止だ。亡くなる20日ほど前、家の近くで会っていた。うつ状態で、家を出るのがままならないため、約束を翌日に変更していたことを思い出す。

自宅近くのＪＲの駅で彩に会った。そのときはうつっぽく見えなかったが、もしかすると、彼女なりの精いっぱいだったのかもしれない。

彩はタレントにスカウトされ、出演するテレビ番組が決まりかけていた。話題の中心はタレント業の話だった。そのほか、たわいもない日常会話だった。うつ状態だったために早めに別れた。これが最後の笑顔とは思いもよらなかった。

私は大阪でのオフ会を開いた。彩とはこのとき初めて会った。オフ当日、彩は時間通りにやって来た。スレンダーで、モデル体型だ。参加者からも年上に見られていた。翌日、彩と取材の約束をしていた。時間は午後1時。待ち合わせ場所はJR三宮駅。阪急三ノ宮駅近くのファミリーレストランで話を聞いた。

彩が最初に自殺未遂したのは18歳の10月頃。心療内科に通い始めていた。部屋のドアノブにタオルを巻いて首をつろうとした。

「つろうと思う前は頭の中混乱してなくて、悲しいとか、苦しいとかあんまりなかったんですよ。終わっちゃおう、みたいな感じで。消えちゃおう、みたいな」

「死にたい」とは違う「消えたい」。自殺願望を抱えた一部の人たちが表現する言葉だ。人により、微妙に感覚が違う。彩の場合はどんなイメージなのだろうか。

「みんなから忘れられたいとか。自我をなくしたいとか。何も考えたくないとか」

名もない存在になりたいということなのだろう。そして思考停止。社会からも感情からも切り離された状態が、彩の「消えたい」の中身だ。このとき「疑似遺書」を書いた。

〈（略）身勝手で我が儘な人生でした。様々な意見が交差する世の中で**あたしの居場**

所は無くなったのです。物理的にでは無く精神的にあたしの居場所は無くなりました。いえ、もしかしたら最初から無かったのかも知れません。生きる事への希望より死ぬ事への安堵を下さい。最後まで我が儘だったあたしをどうか許して下さい。

（中略）沢山の想い出と苦しみと悲しさを残して逝くのは少し心に引っかかりますが、弱いあたしを許して下さい。少ないけれど愛してくれた人、愛する人、大切な友人達、御免なさい有り難う。さようなら〉

「（遺書をＨＰにアップしたことは）突然消えたらみんなに失礼かな、って思ったんですよ。だから、最後のけじめとして載せようと思ったんですけど。それがアダになりできませんでした」

遺書からは、原因は読み取れない。警察の自殺統計での分類で言えば「その他」の中の「孤独感」や「その他」に入れるのかもしれない。

自殺未遂後、サイトの常連の人たちから電話があり、当時の彼氏が心配して駆けつけた。彼氏はその日、朝まで部屋に一緒にいて、自殺しないように説得を続けた。しかし説得は成功しなかった。そのことをＨＰの「自殺未遂計画」に記してある。

〈急に取り乱す恋人……否、元々平常心では無かったんだろう。

彼もきっと平常心で居る事で必死だったに違いない。

オレを動揺させてはならない、と。

しかし頷くオレに向かって彼は『何でっ……』と声に成ら無い言葉をつげる。『何で死のうとするんだ』とオレには聞えたが、此の事は彼に訊いて見ないと解らない事だ。其と同時にオレの肩を摑んで前後に揺する。人形の様に無表情で泪だけ流し、カクカクと首が傾くオレ〉

2度目は薬の大量服薬

2回目の自殺未遂はODだ。18歳の12月25日。クリスマスだ。睡眠薬を50錠ほどODした。ただ、自殺を意図したわけではない。どちらかと言えば、自傷行為なのだろう。

「このときは何も考えてなくて。このときは、ただ単に寝たいな、って思ったんですよ。目が覚めなかったらいいな、って思って。前からそういうのが理想だったんですよね」

ODしたのは自分の部屋。時間は夜中の午前1時。翌朝に兄が起こしに来ても彩は起きなかった。兄は救急車を呼んだ。手足が冷たく、顔色も悪かった。ごみ箱には錠剤を飲んだシートがあった。一晩だけ入院し、目が覚めたのは3日後ぐらいだった。

「言いたいことはあるんですけど、呂律が回らなくて。自分でも『言えてないな』という気持ちはありましたね。25日に友達と遊ぶ約束をしていたんですけど、それが気になっていた。第一声が『それ（約束）はどうなったの？』だったんで」

発作的なＯＤだった。精神の不安定が直接的な理由なのかは本人にもわからない。

小学校からの慢性的な「死にたい」思い

「死にたいと思っていたのは、小学校3、4年生ぐらいから。中学校に入ってからは部活も生徒会もやっていて、塾にも行っていたので忘れていたんですよ。ただ、高校に行ってからは部活に入らず、時間があったので、思い出したんです」

幼稚園入園前にもその兆しはあったようで、「家出をしたい」と言い出した。小学校2、3年の頃は男の子5、6人に殴られた。彩にとっては「理由なき暴力」だった。

中学時代は多忙さから希死念慮を忘れていた。ただし、「生きづらさ」の原因のひとつである、バランス役を担ってしまっていた。頼まれたら「Ｎｏ」とは言えない性格。生徒会の役員やクラスの副委員長などをしていた。

「無視されたことはあったんですけど、いじめられていた自覚はないかもしれない。部活をしていたから、他のクラスに行けば、話してくれる友達とかはいたし」

中学時代は、彩にとっては「居場所のなさ」を感じることなく過ごすことができた。部活の仲間という友人がいた。しかし、高校入学と同時に「生きづらさ」を徐々に思い出した。1年の夏に過食嘔吐が始まった。原因は友情のもつれ。バランス役に疲れたのだ。

「クラスがほとんど女の子で、裏側を見てしまったという相談をされることが多かったんですよ」

いらだちからの摂食障害とリストカット

クラスにはいじめがあり、そんな雰囲気が嫌いだった。イライラしながらも、「何かしないとしょうがない」と思っていた彩。解決策が見つかるわけでもないが、解決策を見いだせない自分にいらだった。そんなときから過食が始まった。

また、食後に「太ってしまう。太らないようにするにはどうすればいいのだろう」と嘔吐した。彩は太ることに恐怖心があった。同じクラスの子は痩せている子が多かった。それが彩のコンプレックスだった。常に周囲と比較し、コンプレックスを抱く。

また2学期になって、彩は学校を休みがちになっていく。その後、高校2年の1月になってリストカットを始めた。カッターで手首をちょっと血が出る程度に切っていたが、徐々にエスカレートした。

「疑似遺書」には「**あたしの居場所は無くなったのです。物理的にでは無く精神的にあたしの居場所は無くなりました。いえ、もしかしたら最初から無かったのかも知れません**」とあるが、居場所のなさを実感していく。「バランス役」は崩壊した。

性被害と不信感

彩は人に対する不信感があった。特に男性には不信感を抱いていた。幼稚園生のときに近くの公園であった痴漢。知らないオジサンが近づいてきて、抱きつかれた。中学のときに担任に告白された。彩は「先生」として見ていたが誕生日に花束が届いた。

「先生としては好きだったんですよ。だからびっくりして。周囲からも『いい先生』って言われていたし。卒業してから中学校に行ったんですよ。そのときにも『やっぱりダメ？』って聞かれて。私が相談していた先生の悪口も永遠に聞かされたし」

高校時代の性体験の相手は、好きな男子生徒だったが、体験後に告白。その男子生徒はほかに好きな女子生徒がいたことがわかった。また高校2年のときに9歳年上の男性と付き合った。会うたびに体の関係を求められた。別れた後のことだが、その彼は二股の期間があるとわかった。これらの体験によって男性不信が増していった。

「付き合うっていっても、いつか終わるだろう、って。Hが目的なんじゃないの？」

男性への不信感。彩は男性を好きになれなかったが、9歳年上の男性には信頼度が100%だった。その男性に裏切られたことで、さらに男には期待しなくなった。

「自分ではかわいいとは思わないし。マイナス思考だし。コンプレックスの塊ですね。生きていてもしょうがない。心配させたり、迷惑をかけるのは嫌。他人に迷惑をかけずに消えたいですね。ただ、未遂でも自殺でも迷惑になるじゃないですか」

「死にたいなら人に迷惑をかけるな」

彩は、迷惑をかけずに死んでいきたいと考えていた。2001年6月8日の大阪教育大学附属池田小学校への無差別殺傷事件について書いた文章の中で、次のように綴った。

〈本当に死にたいなら人に迷惑かけるな。首を吊れ。ハングマンに成れ。こういう極々少数の人のセンセーショナルな事件で其れに属している人は全て同じだと思われる。マスコミでも『精神科に通っていて安定剤10回分を一気に飲んだ』って言い過ぎ。ODする気持は解るよ。死にたい気持は解るよ。オレだって死にたいよ。でも人に迷惑は掛けない。後追いもさせない。巻き込まない。此だけは誓いたい。狂っても、もう狂ってるけど。人に迷惑かける迄はしない。死ぬ時は独りでひっそりとだ〉

彩は事件の数日後、精神安定剤をODした。ベッドに横たわりながら、友人らと携帯メールを交わしている。ただ、薬が効き過ぎたのか吐き気がし、部屋で吐いた。その後、救急車を自分の携帯電話で呼んだ。

彩は「自殺＝首つり」と考えていた。実際、「疑似遺書」を書いたときには首つりを手段としていた。これらを考えると、このときには「死にたい」のではなく、発作的だったのではないか。彩のＨＰの掲示板にはお悔やみの書き込みが相次いだ。私もその一人だった。

インターネットで共感を求める

「自分の日常を綴る場所が欲しかったんです。Ｗｅｂ日記は自分が感じたことを吐き出すところかな。ネットだったら知らない人も感想とかメールくれるじゃないですか」

小百合（仮名、20）がインターネットを頻繁に利用するようになったのは高校2年生の頃。沖縄出身のミュージシャン・Ｃｏｃｃｏのことをインターネットで検索するようになっていた。自傷行為をする人たちには人気があった。Ｃｏｃｃｏの楽曲は当時、生きづらさ、不快感、違和感などの「痛み」を表現していた。

「友達のCDを借りて聴いて、最初は怖いと思っていたんです。でも、だんだん良く感じるようになってきて。手首を切っちゃう詩とかあるじゃないですか。それでだんだんハマって……」

もっとレベルの高い高校へ。それがプレッシャーに？

高校3年の5月頃、新宿で待ちあわせ、喫茶店で話を聞いていた。小百合はこの頃から、リストカットをするようになった。直接の原因は友人関係の悪化だった。

「私のことを避けられ始めたんです。私が手紙で『どうしたの？』って聞いても何も教えてくれなかった」

自分では身に覚えがない。小百合はイラだった。後日、別の友人を通して聞いてもらう中で、その理由がわかった。どうやら、小百合の癖が理由というのだ。

「5歳から中3までピアノを習っていたんですけど、（ピアノの鍵盤をたたくように）指を動かす癖があるんです。そのせいだったようで……」

これだけがリストカットの要因や理由ではない。受験のプレッシャーも一因だ。プレッシャーは中学校の頃から感じていた。親戚の目を気にしていた。特に高校3年という時期は大学受験に向けて懸命に勉強をするタイミングだ。

「従兄弟《いとこ》が私立の中堅進学校に通っていて。親戚の目、特に母方の親戚と付き合いが多いので、同じくらいの学校に行かないと、と言われはしないけれど、思われそう。だから、学級委員や生徒会の役員になったのも、本音を言えば、内申点を上げるため。何々委員とかあるじゃないですか。それよりも学級委員のほうが内申点はいいと思ったんです」

中学3年の頃、周囲は受験でピリピリしていたが、トラブルが起きてしまう。

「少しでもレベルの高い高校に行きたい」

数学が苦手な友人にそう言ってしまった。グループの中でリーダー格だった彼女は突然怒ってしまい、4、5人に無視された。1日2日の出来事ではあったが、小百合にとっては悲しい出来事で、教室で泣いてしまった。ただ、それを見ていた事情を知らない子が近寄って来て、慰めてくれた。

高学歴志向は「家のレベル」を気にするあまりに、小百合が考え出した思考パターンだ。親類の目を気にするところからきている。母方の親類は高学歴だった。「世間」の目を気にするばかり、「身近」な人々とのコミュニケーションがうまくいかない。見捨てられる恐怖もあった。これらがリストカットや摂食障害をしていく背景になっていた。

食へのこだわりから過食嘔吐へ

家族は、父親と弟2人の4人家族。東京郊外の、さらに外れにある田園地帯で過ごした。母親は小百合が7歳の頃に亡くなった。小百合は、「母親役」としての自分と、「長女」としての自分を強く意識した。

それは「甘え」を十分に体験してこなかった小百合にとっては残酷だ。長女であることでの「自分」の位置。父親との関係を暗示していた。父親は暗に弟2人の「母親役」を願った。小百合は「家族」を背負わされていた。「暗に」というのは、父親としては言語的な明示をしていない。

自然食品志向の家族。幼い頃から、食生活で抑制されてきた。友人たちとのあまりの違い。小百合にとっては酷な食生活で、そんな食生活を我慢できないでいた。

「友達の家に行くと、普通にお菓子があるじゃないですか。しかもお母さんが『アイスよ！』と言って持ってきたり。それが普通なんだろうなって思っていました」

親にばれないように、夕食も食べ、コンビニでの食品を食べた。父親にばれると怒られ、部屋を荒らされた。抑制された食生活が摂食障害の一因にあるのだろうか。

本格的に摂食障害が始まるのは、高校3年の夏。数日、ものが食べられないことが続き、寝てばかりで、拒食が続いた。9月頃は、逆に家にあった食べ物を過食。そして吐いてしまった。太りたくないから食べない。食べないでいると食べたくなる。食べると太るから吐く……。その繰り返しだった。

身長153センチ。体重は48キロになったこともある。高校3年の頃は、逆に痩せて37キロまで落ちた。取材時の体重は42キロ。このときは「40キロ」が目安だ。明確な理由があるわけではないが、40キロになれば、さらにそれより軽くなりたいという考えに縛られた。

「おそらく何キロでも満足はできないでしょうね」

家族本位の過剰適応のパターン

母親が亡くなった当時、父親は子どもの世話に手が回らなかったのか、小百合は2日続けて同じスカートをはいていった。すると、「あっ、昨日と同じスカートはいている！」と言われることもあった。髪の毛も自分で切るしかなく、セットもしないで学校に行ったりしていた。

また、ショッピングセンターで父親と買い物をして、ヘアゴムを買ってもらおうとしていたときのこと。小百合がレジの人にお金を手渡すと、「うわ。何、この子?!」と驚かれた。手が汚かった。父親が子どもを清潔にしていなかった。ネグレクトだったのだろう。

「手が泥んこ遊びをしたときみたいに黒かったかな。定期的には（風呂に）入っていたと思うんですけど、お風呂の記憶もあまりない。弟たちも汚かった。散髪も親に切ってもらっていた」

病院も薬も父親は嫌いだ。小百合たちが風邪をひいたときには、病院にも連れて行かず、かぜ薬も飲ませず、山芋をおろしたものをのどに付ける。父親は、子育ての面では無知なところはあるものの、健康志向や病院嫌い等こだわるところは徹底していたようだ。

高校に入学する頃、父親は弟たちのほうに次第に目を向けていった。そのため、父親は小百合に愚痴をこぼした。小百合は自己主張できないので、喧嘩にはならない。弟たちは自己主張ができるので、よく喧嘩になる。親に反抗して、市販食品も買ってきてしまう。徹底した食生活の原則を破っている。弟たちは事実上許された。

その弟たちと小百合の行動パターンの差はどこからきたのか。そこで私は聞いてみると、「姉だから」と答えた。弟たちは「市販食品はだめ」という原則は無視。しかし小百合は「弟は破っている。せめて私ぐらいは守ろう」と自分を殺してまでも、家族の原則に従う「家族本位」の行動パターンだ。まさに「過剰適応」だ。

「よい子」でいることの葛藤

「よい子」を演じずにいられない自分、過食嘔吐をしている自分を許せない。

「摂食障害は早く治したいんですよ。でも買い物をしているとき、記憶はあまりないです。必要なものだけ買えばいいのに、余計なものを買ってしまって。会計するときになって、『はっ』って思うんですよ。でも『痩せたい』願望は強いです」

大学に通い出して半年。1回目の取材の2ヶ月後の10月。小百合は、病院に運ばれた。水曜日の深夜に大量服薬したまま、コンビニに買い物へ行くために外出したようだ。

〈これからコンビニに行きます〉

と、このとき、私のところにメールが届いていたが、小百合には記憶がなかった。

「過食をしようとしたんだと思います」

夜遅くになって、一度コンビニで過食用の買い物をしようとしていた。裸足のままだった。リストカットもしようとしていて、カミソリやカッター、消毒液、包帯を用意していた。その後、アパートの部屋の前で倒れてしまったようだ。

「結局、リスカはしてなくて、しようとする意識はなくなっていたんです。バッグと財布を持っていたので、コンビニに行こうと思ったんだと思います。倒れたときは、痛いと感じたんですが、でも、徐々にいつの間にか意識がなくなって……」

しかし、そのまま寝てしまっていた。翌朝午前6時頃、新聞の配達員に発見された。発見時は、近くに住んでいた人が毛布を貸してくれたが、のちに体温を測ると、28度。低体温状態で生命が危機的だった。気がつくと、病院のベッドで寝かされていた。夕方になって父親が迎えに来たが、「どうしてこんなことしたんだ！」と怒鳴られた。

警察には手首の傷を見られ、自殺未遂と思われた。家宅捜索で余っていた処方薬のほとんどを押収された。「医者がほいほい薬を出すからだ」と父親は言った。病院自体をよく思っていない父親は、さらに病院へのイメージを悪化させていく。

「1年間もカウンセリングをやってきて、治らないのはおかしい」

主治医の治療方針に対し父親が不信感を示し、協力的でなくなるひとつの要因だった。

現実逃避としてのODとリストカット

なぜ、このとき、小百合はODをしたのか。それは大学での人間関係の悪化が影響していた。高校で生徒会をしていた小百合は、大学でも似たような環境に身を置きたいと考えていた。しかし、大学の自治会は、高校の生徒会とは違い、政治的で馴染まなかった。

「逃げたかっただけです。現実逃避ですね」

1年後の10月。再び、ODによって入院した。連絡が取れなくなって不安になった彼氏が、小百合のアパートまで駆けつけ、救急車を呼んだ。父親は、ODの原因が、自然食品を食べないことや薬に頼ることが要因にあると思い込んだ。そのため、「1日2食、玄米を1口100回噛む、という食事。それを1週間、続けること」を条件に、大学を続けることができた。

しかし、約束の1週間という期限が守れず、余計に「食」を意識させた。仕送りは減らされた。飲食店で働くようになるが、かえってメンタルヘルスを悪化させていった。

2度のODによる入院を経験し、体力的には落ちた。大学2年生の5月頃、小百合は最も自殺願望が強くなった。この頃深夜に私と電話をするようになった。「生きることにこだわらない。死んじゃってもいいや」などと話すようになっていた。小百合は、自身のHPのIDとパスワードをメールで私に送りつけた。

「私が死んだら、HPを書き換えて亡くなったことを伝えて」

と、私に送ってきた理由を話していた。小百合は鬱積した感情が晴れなかった。そのため、「大学を休学するか、大学をやめて、都内の大学に入り直す」などと考え出した。それほど、通っている大学や生活環境が自分に合わないものになってきていた。結局、そのために親を説得するという方法を考えることに毎日を費やすことになった。

環境を変えればなんとかなるはずだ――。そうした思いが小百合には強かった。休学という選択はよいとは思いながらも、夏休みという長期休暇を使って、考えを改めて選択できるのでは、との思いもあった。結果として、父親は休学を認めた。

父親と対峙したくないと、ODからの中毒死

小百合は遠方でのひとり暮らしをやめ、実家に戻った。父親と毎日顔を合わせるリスクを背負っても、「会いたい人に会える」状況をつくり出した。ただ、父親とは顔を合わせたくない心理は働くようで、帰宅も遅くなる。家に帰らないこともあり、結局、ネット友達の家を「家出先」にし、長期間、住まわせてもらうことになる。

また、休学は休養をするためであるが、その方法のひとつとして精神科病棟への入院があった。そのため、入院先を探すが、なかなか決まらなかった。一方、父親へどのように関わってよいか。小百合は最後まで悩んだ。Ｗｅｂ日記には、

〈父を怖いと思う自分がいて
父に頼りたい自分がいて
父に心配かけたくない自分がいて
父にもっと甘えたい自分がいて

父にわかってほしい自分がいて
父を拒絶したい自分がいて
もう、全部なんだか矛盾してるんだよ！〉

父を拒否したい自分と、父に甘えたい自分。両方が混在していた。父親との関係が、小百合の抱える精神疾患の要因のひとつとわかっていたが、父親との関係を拒絶したり、あきらめることが最後までできなかった。

ただ、入院先を探すことは続けていた。そして、ようやく8月30日に入院することが決まった。この頃、小百合はメールマガジンを発行。そこにこう書いた。

〈入院ケテーイ（決定）。どうにかこうにかクリニックに電話で探しまくってもらって、30日にベッドが空く所が見つかりました。詳しく聞いたら、即日入院オケーということなので、30日に荷物を持って埼玉県の「K病院」に入院します。面会時間は1時半から4時だったかな？　お見舞いに来てくださいね〉

このメルマガを発行した3日後、友人と遊んで帰宅した深夜、小百合は実家の自分の部屋で、3日分の処方薬を飲み干した。過去の入院騒ぎとなる2度のODだけでなく、日常化していた。リストカットの繰り返し、過食嘔吐。カロリーカット剤を飲んでまでしていたダイエット。それらは着実に、小百合の体を弱めていた。

自殺当日の夜、帰宅が遅いことを父親に叱られた。少なくとも、入院までの数日間は、父親と対峙したくないという気持ちが働いていたのかもしれない。死亡推定時刻は午前3時。死因は薬物中毒による心停止だった。父親が発見したのは午前11時。飲み終えた処方薬のシートが部屋中に散乱していた。小百合はベッドの上で、パソコンに顔を埋めていた。

地下アイドルの死

2020年9月30日、地元アイドル活動をしていた月乃のあ（芸名、享年18）が愛知県名古屋市内のビジネスホテルの屋上から飛び降りた。一緒にいた女子高生との自殺だった。インターネット上の誹謗中傷が一因だった。

亡くなる直前、月乃のあはリストカットの画像を上げていた。しかし、リストカット1回で致死する可能性は極めて低い。ネット上では様々な情報が飛び交っている。

たとえば、巨大匿名掲示板「5ちゃんねる」の書き込みでは、「近所のマンションで硫化水素で救急車と消防車数台来てた」などとして、硫化水素自殺を思わせる書き込みがある。事実であれば、混ぜる薬品を事前に用意していたことになる。

月乃が〈死にたい〉とツイートしたのは自殺の3日前の27日。午前中、インスタグラムで、高層階からライブ配信した。足をぶら下げ、泣きながら、こうつぶやいた。

〈ごめんね。みんな守れなくてごめんね。守れなくてごめん。死んだら、悪い大人たち、ちょっとは反省してくれるかな？って思っちゃって……〉

これを視聴していた人たちは〈生きてください〉〈お願い、やめて〉〈僕が話なら聞きます〉〈生きてくれればもはやなんでもいい〉などと書き込んだ。

このときはファンが場所を特定し、警察に保護された。母親（42）は言う。

「配信中、娘に〈死なないと約束できる？〉とSMSのメッセージを送りました。〈できるよ〉と約束してくれました。（インスタグラムの）配信後も〈すぐ降りなさい〉と送ると、〈いま帰る〉と返事がありました」

月乃が死のうとしたのは、ネット上で非難されたからだ。きっかけは、5月から働いていたコンセプトカフェ（コンカフェ）内でのトラブルについてのツイートだ。コンカフェとは「特定のテーマを取り入れたカフェ」のこと。代表的なものがメイド喫茶だが、忍者、執事、動物系、アニメのキャラクター、文学大正ロマンなどの様々なテーマがある。「カフェ」とはいうものの、お酒を出す店がほとんど。

「娘がカフェのオーナーとのトラブルをつぶやくと、信頼していた女性が怒ったツイートをしたんです。女性の知人2人も加わりました。匿名掲示板でも叩かれたんです」（母親）

アイドルになろうとした理由

月乃は最初からアイドル活動に興味があったわけではない。

「もともとは引っ込み思案なんです。興味があったわけでないのですが、地元のアイドルと仲良くなり、手紙の交換をするようになったんです。悩みを打ち明け、慰められたりもしていました。交流が続いていたために『（そのアイドルの）グループに入りたい』と言うようになっていったんです。名古屋市内で歌ったりしていました」（母親）

その後、アイドル活動を続けようと、私学受験をするが、金銭的に難しく、公立中学校へ通った。そのため、同級生に「受験したのに、なんでいるんだ」と言われるなど、いじめを受け、中学2年生で不登校になった。

高校は通信制に行くが、この頃から精神科に通った。薬を飲んだときには落ち着いていた。ただし、1年生で中退。地元のアイドルをやめて、2018年に東京へ行き、講談社主催のアイドルオーディション「ミス・iD」に出場した。結果、「死んだふりして生きているのはもう飽きた」賞を受賞した。「ヲルタナティヴ」というアイドルグループに参加した。

「ファンは中学生から、〝孫が好きで見ていた〟というおじいさんまで幅が広かったです。ただ、東京へ行くとホームシックで、精神的な疲労も重なり、倒れてしまった」（同）

発端はカフェのオーナーとのトラブル

亡くなった当時、月乃は、精神的に不安定だった。〈死にたい〉ツイートの2週間前の13日、過剰摂取（ＯＤ）しながら動画配信していた。そのことで脳梗塞で入院していた母親の代わりに、オーナーが、月乃の部屋に行った。このとき、トラブルがあった。こうしたことがあり、月乃はコンカフェを辞めた。

配信をしたその日夜、市内のカラオケボックスで、月乃は4人で一緒に死のうとした。しかし、このうちのひとりが通報、警察に保護された。母親の入院先には精神科がある。その病院まで月乃が来るというので、母親は待ったが、姿を見せなかった。

「娘は『またアイドル活動を始めるから、入院するわけにはいかない』と言っていました。あのとき、強制的に入院させていれば、と思っています。ひと目でも会いたかった」（同）

この頃、ネット上では、中傷が続いていた。

「娘は匿名掲示板を自分でも読んでいたようです。辛かったと思います」（同）

女性の知人も〈死ぬ死ぬ詐欺をする元コンカフェキャスト〉などとツイートした。月乃は「なんでそんなこと言うの？　生きていられない」と悲観し、母親に電話で話していた。「その後、娘はまたいなくなりました。電話やＳＭＳはしていましたが、どこにいるかわかりませんでした」（同）

亡くなった30日朝、月乃は母親に〈生きているよ〉とＳＭＳを送った。その後、母親は入院中で、リハビリ中だったが、その日の14時13分、月乃は母親に〈ママごめんなさい〉との遺書めいたＳＭＳを送った。母親は心配し、警察に通報した。警察が月乃の部屋に向かうと、遺書が置かれていた。夕方、警察から「女の子２人が飛び降りた」との連絡があった。

註

（1）「死にたい症候群　自殺とドラッグのＦＲｅｅＤＯＭ　生きたくない僕ら」https://whiz-bang.tripod.com/frameb.html

（2）町沢静夫編著『告白　多重人格　わかって下さい。私たちのことを』海竜社、２００３年、79頁

参考文献

渋井哲也『明日、自殺しませんか　男女七人ネット心中』幻冬舎文庫、2007年
渋井哲也「地下アイドル　月乃のあはなぜ自殺したのか」『週刊女性』主婦と生活社、2021年10月12日
文春オンライン特集班「『死んでもAさんBさん諸々恨みます』18歳で自殺した元アイドル・月乃のあさんが残していた〝遺書〟公開《母親が悲痛告白》」文春オンライン、2021年2月19日号
町沢静夫『わたしの中にいる他人たち　多重人格は本当に存在するのか』創樹社、1999年
町沢静夫編著『告白　多重人格　わかって下さい。私たちのことを』海竜社、2003年

第6章

理由なき自殺

自殺にはさまざまな理由がある。自殺に至るまでに、それなりのストーリーがつくられている。亡くなった人がなぜ自殺をしたのかを知るのは、家族や友人など周囲の人たちの証言によるところが大きい。そうした専門的な調査は「心理学的剖検」と言われている。遺族等に継続して面接をすることで、自殺で亡くなった人の「ストーリー」を形作っていく。遺族との面接は、同時に、支援やケアをすることにもなる。

「心理学的剖検」が遺族等から直接、亡くなった人の情報を聞く一方で、歴史的人物の伝記や作品、新聞記事などから、現在の精神医学や心理学の知見を使った「病跡学」の視点から、自殺に至る「ストーリー」を導き出す方法がある。

世紀末的不安

自殺の背景のひとつに不安がある。不安というと、多くの人が感じたものがある。世代論になってしまうが、私の世代は、「ノストラダムス現象」を日の当たりにした。16世紀の医師であり、占星術師のノストラダムス自身は「1999年7の月、空から恐怖の大王が来るだろう、アンゴルモアの大王を蘇らせ、マルスの前後に首尾よく支配するために」と予言したにすぎないが、これがのちに「滅亡」と解釈された。

世紀末を生きていた者としては不安を多少なりとも持っていた人たちがいた。なぜなら、1990年代は社会を震撼させる事件・災害が相次いだから。94年の松本サリン事件、95年の阪神・淡路大震災、地下鉄サリン事件、97年の神戸連続児童殺傷事件など。それらは社会不安を増大させる出来事だった。

私の出身地でも、98年、ローカルな出来事ではあったが、那須水害があった。北日本や東日本で平均降水量を超える大雨で、那須地域では死者22人、行方不明者2人、負傷者55人に及ぶ被害が発生した。さらに、バブル経済崩壊後の日本では、98年から2011年まで、年間自殺者3万人を超え続けた。経済不況が自殺者を増やした。

ただ、何かしらの他力願望が、一定数の自殺志願者にはあった。案外、死ぬのも難しい。災害や事件によって自分が死ぬという、ちょっとした〝期待感〟を抱いていた時期でもあったように思う。その意味では、世紀末前後は、不思議な感覚が漂っていた。

多くの人が抱えたこのノストラダムス的不安に対して、社会がリセットされてもいいと思うような人たちもいたように思う。革命でもなく、自然災害でもない。〝空から恐怖の大王が来る〟ことで、閉塞感のある日常を変えてほしいと考えた人たちもいた。

しかし、社会がリセットされるような世紀末は訪れない。世紀を跨いでも平坦な日常が続くだけだった。そのありふれた日常を、閉塞感のある社会の中で、なんとなく死ねず、なんとなく生き続ける。「生きる実感が持てない」という言葉をこの時期、私は、多くの取材対象者から聞いていた。

そんな時代に、若者の間にリストカットが流行していた。もともとは自閉症や知的障害の人たちに見受けられた自傷行為だが、この時期に急に、中高生の中で、自殺未遂ではなく、「『生きるために』リストカットをしている」人たちが増え始めた。「生きてるか死んでるかわからない状態を打ち破る手段」としてのリストカットということだ。[1]

どうして生きているのですか？

20世紀の世紀末は、ノストラダムスの予言通りにはならず、何かが起きたわけではない。だが、新たな世紀になるときの不安もあった。なぜなら、コンピュータの「２０００年問題」も不安を抱く要素になっていたからだ。

当時のコンピュータは年数を表すのに西暦が下2桁で表示されていた。そのコンピュータのシステムの「年数表示」が２０００年になると「00」になる。そのため、バグを起こす可能性が指摘されていた。これも、業界として対策をしたため何も起きなかった。つまりは、社会をリセットする世紀末的な出来事は起きなかった。

こうした〝現実〟は、当時のリセット願望を持っていた自殺志願者に、リアルな「現実」を突きつけることになる。よく取材相手から私はこう聞かれた。

「社会に期待できることがありますか？」

「期待できることがないのに、どうして生きているのですか？」

「この社会で生きている意味はありますか？」

たしかに、こう意味を問われると、私も自信がない。かつて、自殺を考えていた私自身も、どちらかというと、そうした問いを考えると、「生きている意味はない」という言説に同意をしてしまっていた。しかし、「意味がない」けど、生きているという矛盾を抱えながら生きていると言ってもいいかもしれない。

ただ、私が自殺を考えたのは、積極的に「死にたい」と思ったからではない。小学校時代、自分が感じている「自分」と、学校で求められている「自分」との差にギャップを感じていたからだ。そう自覚したのは小学校5年生の頃だった。

ギャップがあったことで私は、悩んでいた。ただ、当時の私にとっては「悩み」というよりは、葛藤だったかもしれない。しかも、言語化できない葛藤だった。だからこそ、誰にも話をしていないし、SOSの類も発していない。自分自身、誰かに話すべきことと思っていなかった。相談すべきこととの自覚はなかった。

まずは、学校を取り巻く地域から離れたいと考えたことがあった。もちろん、私の「悩み」は「学校」だった。直接的な意味で「地域」ではない。地域社会が私に対して加害的になっていたわけではないからだ。

ただ、当時の私の思考は、学校を離れるには、地域社会から離れることだと思っていた。それを実現する手段は「家出」だとは思っていた。ただし、片田舎に住んでいるために、都市部と違って行く場所はない。仮に探すことができても、小学生のため、アルバイトを見つけることもできない。

そう考えていると、家の目の前にある交通死亡事故多発地帯の交差点があった。そこは多くの命が失われた場所だった。その交差点で起きた交通死亡事故を、幼い頃から見ていた私は、簡単な家出の手段としての「死」を考えた。死んでしまえば、その後に必要な生きるための経費を考えなくても済むと思ったからだ。その意味では、私の中に「自殺」の理由はまったく見つからない。あるのは「家出をしたい理由」だけだ。

その後もなぜか、地域から逃れることばかり頭に浮かんでは、死を考えた。中学2年生のときや中学3年の頃、そう思っていた。しかし、高校生になると、地域から逃れる手段としては「死」ではなく、大学進学という現実的な手段を考えた。そうすることで、高校時代は「死にたい」と考えずに済んだ。

「理由なき自殺」をした少年

『美しき少年の理由なき自殺』[2]という本がある。もしかすると、私の中で、この本の主人公「S君」が、最初に〝出会った〟「理由なき」自殺者かもしれない。

S君の希死念慮や自殺願望に至る「ストーリー」は、いわゆる、誰もがわかりやすい自殺の理由や動機がない。例えば、虐待やいじめ、体罰を受け、それを苦痛に感じていたというような経験はない。S君の世界観は、既視感のある、予定調和のコミュニケーションに意味がない、というものだった。S君の友人である渡辺氏はこう話している。

「Sは中学生のときから、予定調和的な会話や人間関係をすごく嫌うところがあった。こんなことを言ったら、必ずこんな答えが返ってくるみたいな、ありがちな会話の繰り返しから自分を遠ざけていました。別に話すこともないのに、にこにこしてなきゃいけないコミュニケーションには全く意味がない、と思っていた。それをさも楽しそうにやってるやつは、みんなバカに見えたんだと思う[3]」

決まりきったことを嫌うS君は、常に、実験の場を探した。中学校のとき、掃除をする際に帽子を被るという校則があったようだが、その帽子をわざと落として、どうやって自分に返してくれるのかを楽しんでいた。

高校でも実験をする。渡辺氏がサッカー部に入るが、S君は非公認のテニス同好会に入った。女子生徒だけのサークルに、男子部員として入部し、校内では話題になった。外見が美少年だったこともあるが、恋愛話は嫌いだった。まさに予定調和をどのように崩すのかを人生の指標にしていたようだ。

S君の世界観は「世界は意味がない」というもの。だからこそ、意味を求めて実験を繰り返した。そこには、決まりきった答えではないものがあったに違いない。そんなS君が、都立大教授で社会学者の宮台真司氏の著作『終わりなき日常を生きろ　オウム完全克服マニュアル』を読む。

地下鉄サリン事件が起きたあとに書かれた。核戦争も起きない。革命もない。決まりきった日常をどのように生きるのか、を描いた。「あとがき」にはこう書かれている。


「終わらない日常」を生きるとは、スッキリしない世界を生きるということだ。何が良いのか悪いのか自明でない世界を生きることだ。私たちが今日生きているのは、すべてが条件次第・文脈次第で評価されるしかないような複雑なシステムである。にもかかわらず、条件や文脈は不透明だから、何が良いのか悪いのかが、よく分からなく

なってくる。そういう混濁した世界のなかで相対的に問題なく生きる知恵が、いま必要とされているのではないか。(4)

「世界は意味がない」と感じ取ったS君だが、少なくとも中高生の頃は、「混濁した世界のなかで相対的に問題なく生きる知恵」として、学校生活の中で実験を繰り返していた。しかし、大学4年生になると、自己喪失感と悲観的な人生観をより強いものにしていく。そのため、自殺の実験をする。おそらく、S君にとっては「自殺」も実験だった。ただ、結果として、「死ぬのは恐怖(5)」と感じて、自殺未遂となったのだ。

そんなS君がハマったのはテレフォンクラブ（テレクラ）だ。1985年頃に新宿や渋谷で流行り始めた。男性がテレクラの部屋に行く。女性がテレクラに電話をする。そこで出会いがマッチングされ、会ったり、恋愛にいたる場合もあれば、セックスだけの場合もある。当時の女子高生の援助交際が社会問題になるきっかけにもなった。

S君はテレクラでも日記をつけ、分類と分析をし続けた。ここにも、予定調和ではないコミュニケーションを求めていた。宮台氏がテレクラにハマったのは「自傷行為だった(6)」「自分自身の希薄なリアリティーを、他人の経験を収集することで埋め合わせられるんじゃないか(7)」と振り返っている。

「世界は無意味」と感じたS君は、「終わりなき日常」というフレーズを用いた宮台氏の理論にのめり込み、テレクラにハマった。テレクラでも、予定調和ではないコミュニケーションを探し続けた。そのS君が、自殺の直前に出会った女性がいた。「理想の少女」に見えたのだろう。

S君にとっては、解放された存在であり、「浮遊する身体」と位置付けていた。ただ、少女には、そんな自覚はない。2人の関係は縮まり、自殺1週間前には恋人になった。S君は、自身の思い込みを含めて、目的の「理想の少女」を探し終えたら自殺を考えていたのではないか。そうじゃないと、生き続ける理由がない。そして「理想の少女」に出会うことで、目的達成を感じ、自殺をしたのではないか。

一般的に考えれば、「理想の少女」と出会い、恋人になることは、生き続ける理由になると思える。しかし、S君は、それまでに予定調和のコミュニケーションの中で実験を繰り返してきた。疲れてしまっていたのだろう。せめて、死ぬ前に「理想の少女」と会いたいと思ったのではないか。そして出会ってすぐに、「理想の少女」と言っている。現実に「理想の少女」かどうかはどうでもよく、確かめることさえしていない。

S君と同じように、目的達成して自殺を図ることを考えている人たちにも出会った。同書を読み終わった後、私は借金を返済してから自殺した男性（50代）や、奨学金の返済後に自殺した女性（30代）などの話を聞いた。苦しみから解放された後に自殺をする人の存在を、一定程度、理解することができた。

アノミー的自殺

こうした、社会が混沌とした中で起きる自殺について、フランスの社会学者デュルケームは『自殺論』(8)で、「アノミー的自殺」と名付けた。個人の欲望が膨れ上がったり、その欲望を追い求めても実現しなかったり、社会に幻滅をするので、虚無感や焦燥感、嫌悪感が生じやすい(9)。世紀末の前後の時期は、まさにそうした時期だった。ただし、一定の経済回復がなされると、自殺死亡率は低下するとも言われている。

日本の場合、バブル崩壊以後、「失われた30年」と言われるほど、長期にわたる経済不況が続いている。現在の40代は「就職氷河期世代」や「ロストジェネレーション世代」と言われ、特に、その前後よりは「ハズレ」てしまっている。その世代だけでなく、10代を除いては、自殺死亡率は徐々に低下してきている。幻滅するほどの「社会」、期待を寄せる対象となる「社会」をもはやイメージできないのかもしれない。

そんな中でコロナ禍となり、東日本大震災が起きた2011年以降、減少し続けてきた自殺者数が20年になって増加に転じた。幻滅するほどの「社会」ではなくなってきたが、さらにコロナ禍による経済不況が追い討ちをかけた形になる。飲食業、宿泊業をメインに影響は大きかった。特に、40代以下の自殺死亡率は上昇した。つまり、若年層ほど、ネガティブな影響があったということになる。

遺書もなく、理由も定かではない自殺

理由がない自殺という場合、「自殺するほどの理由」を本人が感じなかったり、周囲が感じ取れなかったりするものを指すことにする。自殺の直前の心理は、もう自殺しかないという心理状態、つまりは、「心理的視野狭窄」に陥っている。そうなるまでに、自殺に追い詰められるストレスが積み重なっている。しかし、その積み重なったストレスを感じられないという場合がある。

自殺後に遺族を取材したケースは、ほとんどが周囲から見た視点だ。かつて、私はある女性に「理由がない自殺、理由がわからない自殺というのはあるのでしょうか?」と質問された。どういうことなのかと聞くと、知人が自殺したのだが、家族にも友人にも、職場の人にも、その理由について、誰も知らないという。恋人もそれをわかっていない。

訪ねてきた女性は、すでに、自殺した男性のリアルな人間関係を把握し、その中の主な人物からは話を聞いたが、ヒントになるようなものはなかったという。生前、何かしらの

ストレスを溜め込むようなトラブルはなかった。少なくとも、表立つようなものはなかった。家族あての遺書はあったというが、特に自殺の理由は書いてなかった。

私は、パソコンやスマートフォン、ＳＮＳの中にヒントが隠されていないかを聞いた。パソコンには隠しフォルダの中に遺書や日記が隠されている場合がある。しかし、それらしきものはなかった。ＳＮＳで自殺や死に関連する投稿はひとつもなかった。

特に男性は、周囲に「死にたい」と言わない場合や希死念慮の形跡がわからない場合がある。精神科にも通院していなかった。精神的な悩みでありながら、精神科への抵抗から内科に通っているという場合もあるが、この男性は、少なくとも、自殺する1年以内には、内科にも通っていないことがわかっている。

まれに、引っ越しや転職、失恋などの状況の変化が精神的な負担になり、希死念慮が湧き上がる場合もある。この男性には、そうした変化は見られない。ただ、その男性に変化があるとすれば、唯一、結婚相手が見つかったということだ。たしかに、結婚は、その人の置かれた状況の変化をもたらす。マリッジブルーになる人もいる。結婚が、精神的な落ち込みを示す場合がある。ただ、周囲にはそうした精神的な変化がわかるような言動を感じられなかった。

となると、その男性が自殺するに至った、周囲がわかりやすく、少なくとも認識できる理由が見当たらない。こうした場合、遺族や友人、知人に警察が事情聴取をしても、理由は判明しない。そのため、自殺統計では「不詳」になるのだろう。

この男性はなぜ自殺をしたのか。執筆時の今でもわからない。本当に「自殺」を志向していたのか。少なくとも周囲にわかるような方法では、その表明はしていない。

直前は精神疾患の可能性があるが……

自殺の直前は、何かしらの精神疾患になっていることが多いと言われている。「過労死等防止対策白書」[10]によると、過労自殺と認められた497人を分析。その結果、うつ病を発症して6日以内に死亡していた人は、半数弱の235人（47・3％）だ。ついで「7〜29日」は93人（18・7％）、「30〜89日」は75人（15・1％）の順。「360日以上」も46人（9・2％）いた。うつ病を発症しても、自覚するまでは一定の時間を必要とする。そのため、周囲もうつ病と自殺の関係をわかりやすく認知することができない。

自覚するためには時間を要するため、その場合、過労死ラインを意識して働いていないと、本人も過労と自殺の関係を結びつけて考えていない可能性もある。

前出の自殺した男性は仕事をしていたが、周囲が問題を認識するほどの長時間労働をしていたわけではない。うつ病や統合失調症などの精神疾患があったのかというと、少なくとも、通院歴があったわけではない。ただ、一般的に男性は、うつ傾向があったとしても、女性ほど、通院することが少ない。

ちなみにうつ病患者はどのくらいいるのだろうか。「地域におけるうつ対策検討会報告書」[11]によると、発症としては、女性は男性の2倍程度、うつ病になりやすい。ということは、男性ほど、うつ病になりにくい。あるいは自覚しない。これは世界的傾向だ。なぜ、性差があるのか。思春期の女性ホルモンの増加、妊娠・出産など女性特有の危険因子、男女の社会的役割の格差などが要因とされている。

3年に1回にすることになっている「患者調査」[12]によると、うつ病・躁うつ病（双極性障害）の患者数は、1996年には43・3万人だったが、99年には44・1万人とやや増加。しかし、その後、はっきりと増加傾向となる。02年には71・1万人、05年には92・4万人、08年には104・1万人と、100万人を超えた。11年には一時減り、95・8万人となるが、再び増加に転じる。14年には111・6万人、17年には127・6万人と増加を続ける。どの年も男性は全体の30％台の中盤から後半だ。

いずれにせよ、その男性は、うつ病傾向を示すものは何もなかった。もしかすると、先の男性が自殺したのは、自己確認のためだったのか。というのも、自傷行為をする場合は、リストカットやODをすることで、身体的な痛みを感じ、それが生きている実感につながったりする。しかし、この男性は自傷行為をしていない。

何かしら、今の人生から、別の人生へ歩み出したいリセット願望だったのか。少なくとも、男性自身の生きづらさ、死にたい背景要因について、身近な人物は知らない。何か別の自分、〝ここではないどこかへ〟という感覚を表出していない。

もし、私が死んだらそれは自殺です

取材を続けていたハナエ（仮名、30代）が死亡した。死因は心不全。お風呂から出たあとに亡くなった。表面的には、故意にそのときに死のうとしたようには見えない。そのため、警察は「自殺」とは判断していない。しかし、私はハナエの死は〝自殺〟だと思っている。なぜか。それはハナエから〝遺書〟メールを送ってもらっていたから。

ただ、その内容というのは、死を決意した内容ではない。

〈もし、私が死んだらそれは自殺です〉

と書かれていただけだ。自殺の理由も書いてなければ、なんとなく死にたい、としか書いていない。つまりは、うつ状態で死を考えてしまっている、と感じた。

ハナエはＡＤＨＤ（注意欠如・多動症）と診断されていた。親子関係がギクシャクしていた。ハナエは「どこか、家族と離れた場所へ行きたい」という意味で、「消えたい」や

「死にたい」という言葉を使っていた。

　自殺と言う場合、そうした「消えたい」や「死にたい」という気持ちだけでなく、当然のことながら何かしらの行動が伴う。ハナエの場合は、過剰摂取（ＯＤ）をよくしていた。睡眠薬を飲むことが多く、よく「寝逃げ」をしていた。「寝逃げ」は、薬を飲んで、辛い現実から目を逸らすために、長時間睡眠をとる行為で、自傷行為のひとつとも言える。

　睡眠薬のＯＤというと、人によっては「自殺未遂」を連想する人もいるだろう。しかし、ハナエに「自殺」の意図はない。つまり、死なないと思っている。「寝逃げ」は、死を意図した行為ではないのだ。このＯＤをハナエは10代後半から繰り返していた。一回のＯＤでは死亡することのない量を飲んでいたが、その積み重ねは内臓等の負担になる。20代後半のときには、ＯＤで目が覚めないことがあり、入院をしたこともあった。

「死にたいけど、死ぬつもりはなかったよ」

　退院後にそんな話を聞かされたことがある。どことなく、居場所がないと感じていたハナエは、よく新宿・歌舞伎町の路上（当時のコマ劇場付近）で人間観察をしていた。よく路上の人間関係を紹介してくれた。カメラマンやホームレス、パントマイマー、学生などと路上で缶ビールを飲んでいた。朝まで路上で過ごすことが多かった。発達障害での人間関係のうまくいかなさを回避するために、夜に倉庫整理のバイトをした。そうすれば、他のバイトと話すこともなく、ハナエなりに楽に過ごせていた。

しかし、「なんとなく死にたい」という気持ちは、幼い頃から継続はしていた。摂食障害をわずらっていたが、ハナエにとっては、積極的に死ぬ行為ではなく、消極的に死に近づく行為だと、私に説明してくれたことがあった。亡くなる直前も、過食嘔吐を繰り返していた。それを聞いていた私は、摂食障害歴としても、年齢的にも、内臓に負担がかかる行為を繰り返しているなと感じていた。そのため、気をつけるように言ったことがあった。そんなときに、ハナエの死の連絡があった。


直前のきっかけは……


死の直前に、自殺の方向に肩を押すインパクトのある出来事があったわけではない。長年、鬱積した「死にたいけど、死ぬつもりはない」という感覚の延長上にあった。入浴後の心不全ということは、そのときのタイミングで「死のう」としたわけではない。

薬物やアルコール依存症の人が、積極的に死ぬつもりではないが、結果的に死に近づくことがある。そのような状態はセルフ・ネグレクトであり、「緩慢な自殺」と呼ぶことがある。自分を大切にすることがない状態が繰り返される。

私も、失恋や仕事の失敗などで一時的にうつ状態になることがあるが、そんなときはセルフ・ネグレクト状態になり、私の場合、歯を磨かないということの繰り返しのため、その結果、死が近づく自覚はない。

ただ、摂食障害の場合は、直接的に体に負担を与える。睡眠薬のODとセットになれば、死に近づく。ハナエもきっと、この状態だったのではないか。その場合、死に近づく「理由」が積極的には見当たらず、「理由なき自殺」と言えるのだろう。

孤立していたわけではない

私が自殺をテーマに取材してきて、その要因として考えられるものの多くは本人の外側にあった。例えば、家庭的な要因であれば、虐待や面前DV、きょうだい間の理不尽な比較、過剰な早期教育、過度な期待などだ。

また、学校であれば、いじめや友人関係のもつれ、威圧的な教師の態度や指導、学校内の性暴力、進路の悩みもある。労働環境であれば、失業、低賃金、不安定雇用、セクシュアルハラスメント、過重労働、長時間労働などがある。取材で見つかるこうした外的要因は、取材対象者の苦しみを理解する上で必要になる物語だ。

一方で、本人に帰属する面もある。精神障害や発達障害、人格障害の有無、コミュニケーション能力の優劣、認知のパターン、問題解決（コーピング）の思考パターン、行動力の差などがあるだろう。哲学的な考え方もそのひとつだ。

金銭的に恵まれていて、社会問題化するほどの家庭環境でもなく、いじめも暴力・暴言もない学校生活を送っていたユミ（仮名、30代）は高校の頃から、なんとなく、環境に馴染めないと感じている一方で、表面的には学校生活に適応していた。生徒会の役員もしていた。成績もよく、両親にもそれなりに評価されていると感じていた。

しかし、ユミにとっては、そうした生活を徐々に窮屈に感じるようになっていった。前触れもなく、突如として、援助交際を始めた。そんな中で、ユミは私にコンタクトを取ってきた。取材で話をすることで、気持ちを整理したいという。病気との自覚もなく、精神科に通ったり、スクールカウンセラーに話をすることではないと思ったようだ。

こうした環境や境遇は、無差別殺人の犯人の背景とは真逆だ。

無差別殺人の犯人の多くも、自殺願望を持っていると言われている。秋葉原無差別殺傷事件や安倍晋三元首相銃殺事件でも犯人は自殺未遂を経験している。そのため、自殺と無差別殺人は表裏一体だとも言える。

アメリカの犯罪学者の考えによると、[13] 大量殺人の要因の素因としては、（1）長期間にわたる欲求不満、（2）他責的傾向。促進要因としては、（3）破滅的な喪失、（4）外部のきっかけ。容易にする要因として、（5）社会的、心理的な孤立、（6）大量破壊のための武器の入手――が挙げられている。無差別殺人には、社会を巻き込み、自分自身も死んでもいいと思うような「拡大自殺」の要素がある。こうした無差別殺人は「自殺」の一形態だ。

一方、ユミは、（1）家族と生活し、友人もそれなりにいる。経済的には中間層の上流、通学した学校は私立のミッション系であり、偏差値的に見ても上位層にあたる。これだけを見れば、誰もが「長期間にわたる欲求不満」と思える状況ではない。（2）一定の「他責的傾向」はあるものの、どちらかと言えば、自分が悪い、と思う傾向がある。（3）何か自殺を考えるような「破滅的な喪失」はない。（4）「外部のきっかけ」としては何もない。（5）「社会的、心理的な孤立」を感じる状況にはない。（6）「大量破壊のための武器の入手」はないが、自傷行為をするための道具は入手していた――。

おおよそ、無差別殺人を起こす犯人の背景とは違っている。しかし、ユミは育った環境に対する違和感を抱いていた。援助交際を考えるほどの、所属する社会との違和感を抱く最中にいた。違和感を抱きながらも、自殺をする決定的な理由があったわけではない。自殺は一種の「暴力」である。ユミの場合、その暴力を外側に向けた犯罪への軌跡はなく、社会には知られずにひとりでひっそりと自殺する。

「死にたい」と「消えたい」

自殺をめぐる取材をしていると「死にたい」だけでなく、「消えたい」という言葉を耳にするようになっていく。私がその「消えたい」という言葉を意識するようになったのは2000年前後の頃だった。それまで「死にたい」と「消えたい」は、同様の意味だと思っていたが、違っているように聞こえてきたためだ。

自殺の意味合いで「消えたい」という言葉がいつ頃から使用されるようになったのか。朝日新聞では、1998年4月には、すでに使われている。

古い2DKのアパートで神奈川県の会社員吉田実さん（三六）＝仮名＝は再出発した。

約一千万円の多重債務を背負って一昨年、自己破産。昨年秋に免責が決定した。家財道具は手元に残り、破産のことは職場に知られていない。平穏な日々が戻ってきた。だが、職場に取り立てが来ることを恐れ、歩道橋から道路を見下ろして「消えたい」と思った記憶は、生々しく残っている。(14)

この記事では、多重債務に絡んでの衝動的な自殺願望を示しているように思われる。あくまでもこの文脈においてだが、「消えたい」は「死にたい」に置き換え不可能なものではないと感じる。しかし、置き換えるとしっくりこない記事が出てくる。

調理師になって、福岡市に住んでいる楳沢《うめさわ》しのぶさん（二〇）は小学六年生のとき、「熱血教師」の担任や、友だちと話が合わなくなり、学校に行かなくなった。元校長のカウンセラーは「学校に行かないと将来がない」と言った。学校に行かない自分は、自殺して親を悲しませる価値もない、消えたい、と思った。

星のうさぎ〔註：ＢＬコミック〕で、「学校に行きたくないなら、行かなくていい」と初めて言われた。自分の存在を認められた気がした。(15)

ここでの「消えたい」は、自己存在の価値と絡めての言葉だ。迷惑をかけず、ひっそりと……というイメージになっている。ここで「死にたい」という言葉を使うと、親の知っている場所で死ぬことになり、迷惑をかける可能性が出てくる。「消えたい」という言葉を使うことで、死ぬよりも存在感を消しているように思われる。

この記事よりはっきりするのは、次の記事、『自傷』という本の紹介記事だ。

浮き彫りにされるのは、学校や会社などの組織と、それを作りだした人間を恐れて葛藤する姿だ。毎年3万人が自殺する日本社会で親たちが抱く人生への疲れと疑問は、少女たちにも投影している。「死にたいのではなく、消えたい」という言葉の背後には深刻な自己否定、究極の現実逃避がある、と著者はいう(16)。

この記事では単なる「死にたい」という感覚ではなく、忘れられたいという気持ちがあるのではないかと想像をする。この頃は、私も「死にたい」と「消えたい」の違いを意識して話を聞いていた。

「死にたいのではなく、消えたい」。細かいニュアンスは人によっても異なるが、共通するのは、亡くなったあとに、〝本人が存在していたことを記憶に残してほしくない〟〝本人が最初からいなかったことにする〟といった心情が見てとれる。

「消えたい」は、「死にたい」よりも、積極的な意味での自殺願望は希薄のようにも聞こえる言葉でもある。ただ、「死にたい」同様、自殺を志向していることには変わりがない。取材した人たちに「死にたい」と「消えたい」との違いを聞いたことがある。

その女性は「違いは、苦痛を伴うかどうかです。苦痛があってもいいのが『死にたい』です」と話した。ある男性は「死ぬのは怖い。でも、生きているのは辛い。だから消えたい」と答えている。消えたいは、生きていたくないという意味でもあるが、死んでしまいたいという強い意志のようには感じ取れない。

統計上つくられる「理由不明の自殺」

自殺統計には厚生労働省の「人口動態統計」に基づくもの、同省の「過労死等の労災補償状況」によるもの、警察庁による「自殺の状況」、文部科学省による「問題行動等調査」がある。[17]要因について調べているのは警察庁と文科省のものだ。

警察庁の統計の中で「理由がわからない」自殺は、「原因・動機」の中で「不特定者」として扱われる。警察の捜査の最大の関心事は、他殺かどうか。そのため、自殺と判明した場合、「原因・動機」について詳細な捜査をするかどうかはケース・バイ・ケースになる。理由が4つ以上あった場合でも、3つの計上になるため、どの理由をあげるかは、現場の捜査員に任される。

こうしたことを前提に見ていくと、2021年は自殺者は2万1007人。このうち5914人、28・2%が「原因、動機不特定者」となっている。

全体の約3割が警察の捜査でも理由がわからない自殺があることを示している。遺書の有無、遺族や友人・知人の証言、現場の状況などを見ても、理由がはっきりしないものなのだろう。理由がはっきりしなくても、うつ傾向があれば「健康問題」に入るために、精神疾患があったかもわからないもの、ということなのかもしれない。社会的な原因の場合、遺書や周囲の証言などでわかることがある。

しかし、社会的なものではない場合や、社会的なものでも自殺者本人が訴える意図がない場合、あるいは隠したい場合は、遺書を読むなどしてもわからない。「理由がない」のか、「理由をさとられたくない」のか。いずれにせよ、統計上は「理由のない」あるいは「理由がはっきりしない」自殺となっていく。

文科省の調査の場合は、学校が作成した報告書が元になる。理由はひとつのみとなっている。学校の報告書は、警察よりも恣意性が高くなりやすい。そのために、理由がわからない「不明」は、学校の場合は、警察よりも数字としてわかりやすい。２０２０年度の小中高生の自殺者は４１５人となり、統計を取り始めて以後、最多となった。このうち「不明」は２１８人、全体の52・５％を占めている。過去10年を見ても54％強が「不明」になっている。

学校は捜査機関ではないために、詳細な調査を得意としていない。ただし、10年３月、「子供の自殺が起きたときの緊急対応の手引き」で調査の方法が示された。その後、「子供の自殺が起きたときの背景調査の指針」ができている。その意味では、自殺後の調査については徐々にではあるが、調査の必要性を認識できる状況になってきている。

しかし、第三者を交えての調査委員会になった場合、発生年度内に報告書ができないことがある。自殺の理由が判明せず、「不明」となってしまう可能性も大きい。

いじめ防止対策推進法上の重大事態になった場合も同様だ。しかし、調査委員会の報告書は、学校内の調査ではないために、内容や判断にズレが生じることがある。例えば、調査委員会の報告書で「いじめが主因だ」となる場合がある。その内容を学校側がどのように認識するのか。例えば、学校事故報告書で「転落死」となっていたものを「自殺」に変更するのか。「自殺」とするにしても、理由を「いじめ」に変更するのか。

多くの場合、児童生徒死亡が発生した年度内に結論が出ることが多くはない。だとすれば、変更されたところで、文科省の統計での数値を変更できない。仮に年度内に結論が出たとして、報告書が公表されるとは限らない。また、調査委設置前の報告内容になるのか、報告書作成後の内容になるのか。どちらを統計上あげていくのかのルールは明らかではない。再調査となった場合は、さらに不透明だ。

なかには自殺かどうか判断できなかった場合、「事故」扱いとなっている可能性も捨てきれない。こうしたこともあり、「理由のない自殺」や「理由がわからない自殺」は統計上、つくられていくことになる。

簡単な調査では把握できない自殺が増える？

ちなみに、私が取材したある女子大生の自殺では、自宅に警察が捜査に訪れた。彼女は同居する家族に、自分自身がなぜ「死にたい」と思っているかを話していない。また、ブログやSNS、LINEなどのやりとりで、「死にたい理由」について書いているものが多かったが、同居家族は知らない。

その上、スマートフォンやパソコンはパスワードでロックされていた。状況的に他殺ではないために、家族に事情を聞いた以外は、簡単な捜査で済まされていた。そのため、死体検案書には、自殺の理由について「不詳」にチェックが入っていた。

自殺者自身の「死にたい」気持ちを、家族も教師も学校のクラスメイトも誰も知らないままの状態は今後も起きうる。私は、増えるのではないかという予感がしている。同時に、「理由を知っているのは、ネットで知り合った人たち」というのも増えるだろう。

となれば、警察統計で言えば「不詳」、文科省調査でいう「不明」が増えていくと思えてくる。これは、さきほど指摘した統計的な手法の問題以前のことだ。つまり、オンラインでしか死にたい気持ちを吐き出さない（吐き出せない）人たちの実態は、表面的な調査では、摑めなくなっていくことが想像できる。

「あなたは、どうしてもっと早く現れなかったんですか？」

　そう言われたことがあった。自殺した女子高生の遺族と対面したときだ。その女子高生は私の取材では、家族や学校の悩み、そのことでリストカットやＯＤを繰り返すようになったこと、さらには自殺をしたいと思うようになっていったことを話してくれた。本人の中では、何度か自殺を企図したものの、結果としては、救急搬送をされることがなかったために、保護者にはわからないままだった。

　たしかに、その段階で保護者に話す選択肢もあったが、当の女子高生から口止めをされた。悩みの内容に、家族との関係が含まれていた。そのため、知られたら余計に関係が悪化していく恐れを本人が感じていた。

　亡くなって半年以上経って、彼女の家を訪ねたことがあった。取材で知り得た一部は話をしたが、そのとき、遺族が涙ぐんだ。そのため、それ以上、話すことはしなかった。その意味では、遺族は、自殺の理由について一部だけを知っている形だ。私も、亡くなった女子高生の意を汲み、家族についての悩みをまだ話していない。

註

（1）ロブ@大月『リストカットシンドローム』ワニブックス、２０００年、6頁
（2）藤井誠二、宮台真司『美しき少年の理由なき自殺』メディアファクトリー、１９９９年
（3）同、45−46頁
（4）宮台真司『終わりなき日常を生きろ　オウム完全克服マニュアル』筑摩書房、１９９５年、１７９頁
（5）前掲、『美しき少年の理由なき自殺』、64頁
（6）同、88頁
（7）同、90頁
（8）デュルケーム『自殺論』宮島喬訳、中公文庫、２０１８年
（9）石塚伸一「【新型コロナ現象について語る犯罪学者のフォーラム】新型コロナで自殺は増えるのか？～アノミー型自殺と逃避型自殺～」龍谷大学　ニュースセンター　https://www.ryukoku.ac.jp/nc/news/entry-5559.html
（10）厚生労働省「過労死等防止対策白書」「我が国における過労死等の概要及び政府が過労死等のために講じた施策の状況」令和3年版　https://www.mhlw.go.jp/content/11200000/000845668.pdf
（11）厚生労働省社会・援護局障害保健福祉部精神保健福祉課「地域におけるうつ対策検討会報告書」２００４年1月　https://www.mhlw.go.jp/shingi/2004/01/s0126-5.html#1

(12) 厚生労働省　患者調査　https://www.mhlw.go.jp/toukei/list/10-20.html
(13) 片田珠美『無差別殺人の精神分析』新潮社、2009年、52頁
(14)「身を守る術（あなたが破産する日　多重債務100万人時代：5）」『朝日新聞』1998年4月2日（傍線は引用者）
(15)「不登校グループ・元メンバーを訪ねて（ニュース360°）」『朝日新聞』山口版　1998年11月27日
(16)「自傷～葛藤を〈生きる力〉へ　川田文子著」『朝日新聞』2004年8月24日
(17) 厚生労働省の自殺死亡統計は、毎年公表している「人口動態統計報告書」をもとに、時系列分析などをして、自殺による死亡状況を分析している。この場合は、対象は日本国内にいる日本国籍がある者だ。
　日本国内にいる外国人を含む場合は「人口動態統計特殊報告書」で示されている。通常、自殺統計を論ずる場合は、外国人を除いた統計の「人口動態統計報告書」が使われる。自殺か他殺か事故かが不明な場合は「自殺以外」で処理される。あとから自殺と判明した場合でも、死亡診断書作成者から訂正の申し出がないと、自殺に計上されない。

　警察庁による「自殺の状況」は、国籍を問わず、国内において自殺で死亡した者の統計だ。各都道府県の警察本部が集計し、警察庁生活安全局地域課が作成したものだ。警察統計は総人口を対象にしている。警察庁では、死体発見時以後、自殺と判明した場合は、その時点で「自殺」と計上する。遺書があるかどうか、自殺日から何日経っているかは関係なく、警察の捜査

で自殺とわかった時点で統計は修正される。

統計上は「発見日」と「自殺日」があるが、よく使われるのは「発見日」だ。また、「住居地」と「発見地」があるが、一般に使われるのは「発見地」だ。この統計も、人口動態統計とともに使われる。

また、文部科学省の統計に、「児童生徒の問題行動・不登校等生徒指導上の諸課題に関する調査」がある。各学校が市区町村の教育委員会へ、市区町村の教育委員会は都道府県教育委員会へ情報を上げる。さらには文部科学省へ上げていく。「自殺」に関しては1974年度から中学、高校の調査が始まっている。小学校は1977年度から。2006年度からは国立と私立も含めている。2013年度からは、高校の通信制課程も含めて調査している。ただし、1987年までは通年1年間、1988年からは年度として計算している。そのため、単純比較ができない。

これらのうち、自殺の「理由」について調査をしているのは、警察の自殺統計と、文科省の問題行動等調査だ。警察の場合は、自殺対策基本法が成立した翌年の2007年からは「原因・動機」を最大で3つまで計上する。それ以前は、1つのみの計上だった。

おわりに

２０２０年頃から、新宿・歌舞伎町の映画館「ＴＯＨＯ」の横の路地に集まった少年少女がいた。場所が、「ＴＯＨＯ」の横のため、自称ではないが、トー横キッズと呼ばれ、注目を浴びた。ここに集まってくる少年少女の中には、市販薬の「ブロン」の過剰摂取をしている子どもたちが多くいた。若者の中には、違法な薬物よりも、合法的に入手可能な市販薬を、お酒やエナジードリンクと一緒に飲むことで、一時凌ぎをしている人がいる。

全国約１６００ベッドがある精神科医療施設で薬物関連の精神疾患の実態調査が隔年でなされている。調査年の９～10月の２ヶ月間に通院や入院をしている患者が対象だ[1]。

それによると、「一年以内に使用した」最大の薬物は、１１２９症例の中で依然として覚醒剤が36％で最多だ。しかし、「睡眠薬・抗不安薬」も29・５％と多く、「市販薬」も15・７％になっている。後者の２つは合法の薬だ。つまり、薬物依存となるのは、違法か合法か関係ないことになる。

10代に限ってみると、2014年には「危険ドラッグ」が多かったものの、その後、規制されたことによってほぼ消滅していく。しかし、16年から「大麻」や「市販薬」が増えていく。ただ、「大麻」は18年をピークに減少したが、「市販薬」は増え続け、20年には56・4％と、半数以上を占める。

トー横キッズたちの市販薬の乱用は、そうした現状を反映している。そして、21年5月、トー横に通っていた18歳の男子専門学校生と14歳の女子中学生が、歌舞伎町のホテルから飛び降り自殺をした。亡くなった男性のものと思われるツイッターには、飛び降りる数時間前に、〈〈一緒に亡くなった中学生と〉付き合ったカモ〜〉との投稿がされている。最後の投稿は、約1時間前の〈お幸せになるが〜！〉というものだが、自殺を思わせる要因などの投稿はなかった。

ホテルのエレベーター乗り場で2人を見た女性によると、2人とも「パキッていた」という。つまり、ブロンやエナジードリンク、お酒を飲み、気分が高揚している状態だったのだろう。自殺直前、薬やお酒を飲むことがあるが、2人はその状態だった。

「失われた30年」と自殺者数

1998年から年間自殺者が3万人を超えたと同時に、私は「自殺」をテーマにした取材を始めた。この頃はバブル経済崩壊による不景気が失業率を高めただけであり、経済が回復さえすれば、特に増えすぎた中高年男性の自殺者数が減ると思っていた。

しかし、経済が回復することなく、当初は「失われた10年」と呼ばれ、ついには回復しないまま、「失われた30年」を迎えた。ただ、2011年の東日本大震災以降、年間自殺者数は減少傾向をたどり、年間の自殺者は2万人台になった。経済成長はしない中ではあるが、自殺者数が減り続けた。なぜこの時期に自殺率が減ったかは十分に検証されていない。

ただ、小中高生の自殺者は増加傾向だ。ツイッターなどのSNSでは、毎日のように「死にたい」などの言葉が溢れかえり、動画配信しながらの自殺も、珍しくない。

いずれにせよ、今後も「死にたい」人や、また、自死遺族の取材も続けるだろう。亡くなった人が存在したこと、その死から何かを教訓を得てほしいという遺族や周辺の人の思いはある。そして何よりも、亡くなった人の存在を記録し続けたいというのが私の思いでもある。

同級生や恋人という「遺族」

遺族――。私は、亡くなった人の「家族」だけを指すのではないと思っている。例えば、同級生や恋人もまた「遺族」だと思っている。自殺直後は在校生への「心のケア」として、スクールカウンセラーが派遣される。しかし、時間が経ち、卒業後のことまでのフォローはない。

九州地方に住むカスミ（仮名、20代）は、小規模の学校に通っていた。地域人口が減少し、子どもたちの人数は少ないが、そこでもいじめがあり、カスミが被害者になる。そんな小規模校で、いじめを原因とする中学生の自殺が起きた。カスミとは同級生で、後追いを考えた。

カスミは小学校時代にいじめを何度も受けた。小学校低学年でモノを隠されたが、6年生でも、いじめを受けることになる。周囲から無視された。

「いじめ加害者の子はよく、『□□先生がいるから、きょうは、カスミに優しくしよう』と言っていました。味方はいませんでした。親同士も仲が良いんです。親に言っても、『お前が、ちゃんと「おはよう」と言わないからじゃない？』と言われただけでした」

カスミは中学校でもいじめを受けた。ターゲットが変わる、ローテーションいじめだった。中学2年の春頃、聞こえるように「うざい」や「きもい」という言葉を投げられた。こうしたいじめを主導した生徒は、小学校からいじめをしている首謀者だった。

「先生も『気をつけてみていくから』と言うだけで、何もしてもらえなかった」

中学3年の1月、とうとう、その歪みが表に出てしまう。同級生の男子生徒が自殺した。のちの行政との和解では、男子生徒への悪口や無視、嫌がらせ行為が存在したこと、そのいじめによって男子生徒が自殺したこと、教職員はいじめの存在に気づいていたこと、その対策を怠ったことを認めた内容になった。

「(亡くなった男子生徒とは) 仲が良かった。私がいじめを受けていたときにもメールしていたことがありました。当時、携帯電話を持っていなかったので、親のガラケーを借り、やりとりしていました。彼へのいじめは知っていました。先生にも言ったんですが、何もしませんでした」

ケアとして役立ったのは……

男子生徒が自殺したのは始業式の日だった。担任は、男子生徒が通学のバスに乗っていなかったことを教頭に伝えたが、何の対応もしていない。その後、連絡したところ、父親から「首をつっていました」と返事があった。

「始業式の2日前のメールで〈明後日、学校だね〉って送ったのを覚えています。始業式が終わって、教室に戻っても、先生が来ないんです。救急車の音がしていたこともあり、クラスの中で、『本当に死んだ?』という会話をしているのが聞こえました。学校から説明を聞いたときは衝撃で、泣きました。信じられないけど、死んだんだ。でも、死ぬわけがないと思ったりしました。不思議な感じでした」

翌日、彼の家に行き、遺体と対面した。

「ご遺族は、当時、彼に対するいじめを知らなかったこともあり、『同級生が亡くなったのに、こんなに会いにこないものなのかな?』と言っていました」

お互い、いじめを受けていたが、彼はカスミに「死にたい」までは言っていない。しかし、別の友人にはLINEで、自殺をほのめかすやりとりをしていた。

「彼との距離は一番近いと思っていました。それなのに、私には（自殺をほのめかすような話など）一切、ありませんでした。なんで私に言ってくれなかったんでしょうか」

当初、地域の中では、いじめという話が出ていなかった。そのため、遺族が事実を知りたいと、調査委員会が要望され、設置された。カスミも調査委員会やメディアの取材に協力した。

「月1回、カウンセリングを受けました。それに、メディアの取材を受けたことが、私にとっては治療になりました」

遺族へのケアやサポートというと、対象として「家族」を思い浮かべる人が多い。しかし、遺されたという意味では「家族」だけではない。友人や恋人、ネットの友達、同級生、同僚、婚約者……。亡くなった人との「物語」は、それぞれある。関係性の濃密さだけを基準にしたサポートだけではなく、亡き人への想いを基準にしたサポートも必要になってくるだろう。

未遂者との信頼関係を築けるか

自殺未遂者への支援策は大きな論点だ。大阪府は、自殺未遂者相談支援事業の評価を行った[2]。調査対象は2014年4月から15年6月までの、府内の5つの保健所で、同意が得られた自殺未遂者192人のうち、支援が終了した113人の中で、ケースワーカーから支援記録が入手できた102人。女性が多く、69人（67・6％）。男性は33人（32・4％）。対象者の平均は40・7歳。女性の平均は41・9歳。男性の平均は38・2歳。女性のほうが平均年齢は高い。

手段は、女性ではODが多く、33・3％。30歳未満の女性では刃物の割合が40・0％と最多。男性では、刃物が最多で29・5％。過去の自殺未遂経験の「あり」は女性では50代、60代が高く、66・7％。男性は70歳以上で100％となっている。

精神科の「かかりつけ医」の有無は、女性では50歳未満が「なし」が多く、特に「30〜49歳」では、93・1％、30歳未満では85・0％。一方、男性は30歳未満と70歳以上で「あり」が多く、30歳から69歳までは「なし」の割合が多い。女性は、若年層が精神科へのアクセスができていない。男性は中高年層が精神科にアクセスしていない。

こうした自殺未遂者への支援・介入の結果はどうだったのか。「よい関係のある支援者の数が増えた」のは64人で、「1人増」が最多（32・4％）。特に男性のほうが、増加した割合は多い（75・8％）。未遂後の介入は男性ほど効果があった。

一方、女性はどうか。「行政機関との良い関係」が増加した（44・9％）。ただし、「良い関係」が減少したのも3人ですべて女性。支援の難しさが示された。この評価は、事業に同意が得られた未遂者のみのため、信頼関係は一定程度、担保されている。しかし、同意をしていない未遂者の変化が可視化できていないことは考慮すべき点だ。

私が取材を通して感じていることは、自殺未遂者で、若年層ほど、人や行政機関に対する基本的信頼感が希薄だ。それだけ、家族や友人・知人、教師、会社の上司や同僚などと、安心できる関係を築いてきていない。

かつ、危機的な状況に追い込まれている人ほど、警察や保健所の介入は難しい。まずは、そうした境遇にならないための情報提供、そうなってしまった場合の相談・危機介入など、それぞれの段階に応じた取り組みを考えなければならない。

また大阪の繁華街での街頭調査によると、(3) とりわけ、自殺未遂経験に関する要因をみると、男性の中の「異性愛者ではない人」は、「異性愛者」の5・98倍だ。つまり、男性の性的少数者は自殺未遂のリスクが高い。また、男性の中では「いじめ被害者」は、そうではない人と比較すると5・3倍になっている。

いじめ被害によるストレスや、その後も後遺症が影響している。いじめはその後の人生における自殺予防にもつながる可能性を秘めている。

ハーム・リダクション

また同調査では、「薬物使用経験」でも差が出ている。男性において、「経験あり」は「経験なし」の3・1倍。「性感染症の罹患経験」の差もある。同じく男性において、「経験あり」は「経験なし」の2・9倍だ。自殺願望や希死念慮との関連がある。

自殺願望や希死念慮が先か、薬物使用や性感染症の罹患が先かは個別のケースによっても違ってくるが、相関があるとすれば、健康教育や性教育が必要になってくるし、薬物使用後、性感染症の罹患後の、医療へのアクセスを容易にすることが求められる。

特に、薬物使用に関しては、単に、刑罰によるのではなく、ハーム・リダクション（被害の低減）が求められる。ハーム・リダクションの考えは「やめさせようとしない」こと。違法かどうかを問わず、治療や支援につなげていくことを示している。つまり、薬物の使用量の減少や中止をメインにするのではなく、ダメージを防ぐことが主な目的だ。薬物使用者のＨＩＶ感染、ＡＩＤＳによる死亡、薬物過剰摂取による死亡を減少させ、薬物使用自体も減少させたとの報告がされている。

ハーム・リダクションの考えを考慮すれば、トー横に集まる若者たちから市販薬を奪っても意味がない。トー横に集まる背景要因について考えなければならない。その意味では、福祉的なケアやサポートを充実させなければならない。

*

自殺をルポしたり、語ったりするには、ほかにも多くの視点や問題がある。例えば、孤立や孤独と自殺の関係も指摘されている。孤独や孤立を感じている人たちは自殺のリスクが高いとは言われている[4]。しかし、自殺リスクがあるからといって、孤独を感じ、孤立している状態とも言い切れないと私は取材を通じて感じている。孤独でない人でも急に居場所を奪われるときに自殺リスクは増大する。

それらを論じる必要もあるが、本書だけで語り尽くせない。社会の中だけでなく、私も含む個々人の加害性を考える必要もある。ただ、自殺を語る上での一助になれば幸いである。執筆にあたって、機会を与えていただいた編集者の佐野千恵美さんや藤﨑寛之さん、そして、何より、取材に協力いただいた方々に感謝を申し上げたい。

註

（1）松本俊彦「10代の薬物乱用・依存」『こころの科学』217号、日本評論社、2021年5月、43頁

（2）本屋敷美奈他「大阪府における自殺未遂者相談支援事業の評価」『保健医療科学』第70巻第2号、2021年5月、国立保健医療科学院、174－185頁 https://www.niph.go.jp/journal/data/70-2/202170020013.pdf

（3）日高庸晴他「わが国における都会の若者の自殺未遂経験割合とその関連要因に関する研究」（厚生労働科学研究エイズ対策事業「HIV感染症の医療体制に関する研究（2001～2002年度）」の一環） https://www.health-issue.jp/suicide/

（4）平野孝典「孤立と自殺―自殺念慮の計量分析から」『社会と倫理』第33号、2018年、南山大学社会倫理研究所、71－84頁 http://rci.nanzan-u.ac.jp/ISE/ja/publication/se33/33-07hirano.pdf

主な相談窓口

電話

いのちの電話
0120-783-556（フリーダイヤル）　0570-783-556（ナビダイヤル）
https://www.inochinodenwa.org/

#いのちSOS　0120-061-338
https://www.lifelink.or.jp/inochisos/

チャイルドライン（18歳まで）　0120-99-7777
https://childline.or.jp/

よりそいホットライン
0120-279-338（岩手県・宮城県・福島県からは0120-279-226）
https://www.since2011.net/yorisoi/

こころの健康相談統一ダイヤル（厚生労働省）　0570-064-556

24時間子供SOSダイヤル（文部科学省）　0120-0-78310

子どもの人権110番（法務省）　0120-007-110

児童相談所虐待対応ダイヤル（厚生労働省）　189

ネット

いのちの電話　みんなのインターネット相談
https://www.inochinodenwa-net.jp/

千葉いのちの電話　インターネット相談
https://chiba-inochi.jp/ns/

SNS

あなたのいばしょ　https://talkme.jp/

生きづらびっと　https://yorisoi-chat.jp/

チャイルドライン（チャット相談）　https://childline.or.jp/chat

東京メンタルヘルス・スクエア（「こころのほっとチャット」あり）
https://www.npo-tms.or.jp/

BONDプロジェクト（10代20代の女の子専用LINEあり）
https://bondproject.jp/

（2022年7月末日現在　詳細はそれぞれのホームページ等をご覧ください）

河出新書 054

ルポ自《じ》殺《さつ》
生《い》きづらさの先《さき》にあるのか

二〇二三年八月二〇日　初版印刷
二〇二三年八月三〇日　初版発行

著者　渋《しぶ》井《い》哲《てつ》也《や》
発行者　小野寺優
発行所　株式会社河出書房新社
〒一五一-〇〇五一　東京都渋谷区千駄ヶ谷二-三二-二
電話　〇三-三四〇四-一二〇一［営業］／〇三-三四〇四-八六一一［編集］
https://www.kawade.co.jp/
マーク　tupera tupera
装幀　木庭貴信（オクターヴ）
印刷・製本　中央精版印刷株式会社

Printed in Japan　ISBN978-4-309-63155-4
落丁本・乱丁本はお取り替えいたします。
本書のコピー、スキャン、デジタル化等の無断複製は著作権法上での例外を除き禁じられています。本書を代行業者等の第三者に依頼してスキャンやデジタル化することは、いかなる場合も著作権法違反となります。

「学校」をつくり直す
苫野一徳
「みんなで同じことを、同じペースで、同じようなやり方で」のまま続いてきた学校への絶望を、希望へと変える方法を提言する。
005

ルポ「8050問題」
高齢親子〝ひきこもり死〟の現場から
池上正樹
80歳の親が収入のない50歳の子どもを支えて煮詰まる「8050問題」。長期高年齢化するひきこもり当事者たちの現状をリポート。
014

〈格差〉と〈階級〉の戦後史
橋本健二
格差論の決定版、現代日本論必携の名著を、10年の時を経て、新データも加えながらアップデート。この社会はいかにして生まれたか。
016

教えから学びへ
教育にとって一番大切なこと
汐見稔幸
どうすれば「みずから学ぶ」環境はつくれるのか？ 教え方ではなく、子どもの学びの深め方からいま必要な教育の本質を考える。
035

こころの違和感 診察室
しっくりこない自分と折り合いをつける方法
春日武彦
ままならない自分と折り合いをつけるには？ 精神科医による丁寧な考察とアドバイス。こんなはずじゃない！と思ったときに効く33章。
048

河出新書